Anthologie
de la
littérature
française

XIe-XVIe

siècles

Collection dirigée par
Robert Horville

Conception graphique : Vincent Saint Garnot
Coordination éditoriale : Emmanuelle Fillion
Collaboration rédactionnelle : Cécile Botlan
Lecture-correction : Larousse
Coordination de la fabrication : Marlène Delbeken
Recherche iconographique : Nanon Gardin

Illustrations :

p. 17 : miniature du XIIIe siècle pour *le Roman de Renart*. Bibliothèque nationale, Paris. Photo B.N. Détail.

p. 81 : miniature du XIVe siècle pour le *Lancelot* en prose. Bibliothèque nationale, Paris. Photo B.N. Détail.

p. 115 : *Allégorie de l'Amour,* peinture de l'école de Fontainebleau (XVIe siècle). Musée du Louvre, Paris. Photo Giraudon. Détail.

p. 127 : miniature pour *les Triomphes,* de Pétrarque. Bibliothèque nationale, Paris. Photo B.N. Détail.

p. 199 : l'une des quinze planches de l'*Apocalypse,* de Dürer (1471-1528). Photo Jean-Loup Charmet. Détail.

© Larousse 1994.
ISBN 2-03-871591-2.
I.S.S.N. 0297-4479.

Anthologie
de la
littérature
française

XIe-XVIe
siècles

Textes choisis et présentés par
Catherine Buschaert
agrégée de lettres modernes

XIᵉ-XVIᵉ siècles

5 Le Moyen Âge

6   Introduction historique
12 Périodes littéraires

18 Fin XIᵉ-XIIIᵉ siècles : naissances

24 La *Chanson de Roland* *(vers 1100)*
28 Jaufré Rudel *(milieu du XIIᵉ siècle)*
31 Le *Roman de Renart* *(1170-1250)*
37 Chrétien de Troyes *(vers 1135-1185)*
43 Béroul *(XIIᵉ siècle)*
47 *Aucassin et Nicolette* *(fin du XIIᵉ-début du XIIIᵉ siècle)*
51 Les fabliaux *(fin du XIIᵉ-début du XIVᵉ siècle)*
55 Villehardouin *(vers 1150-1213)*
59 Le *Lancelot* en prose *(début du XIIIᵉ siècle)*
62 Le *Roman de la Rose* *(vers 1230-1270)*
68 Rutebeuf *(seconde moitié du XIIIᵉ siècle)*
72 Adam de la Halle *(seconde moitié du XIIIᵉ siècle)*
76 BILAN LITTÉRAIRE : la littérature des jongleurs
     et des chevaliers

82 XIVᵉ-XVᵉ siècles : mutations

87   Guillaume de Machaut *(vers 1300-1377)*
90   Christine de Pisan *(1364-1431)*
96   Charles d'Orléans *(1394-1465)*
99   Villon *(vers 1432-après 1463)*
103 La *Farce de maître Pathelin* *(1486)*
106 Philippe de Commynes *(1447-1511)*
110 BILAN LITTÉRAIRE : la poésie aux XIVᵉ et XVᵉ siècles

115 **xvıᵉ siècle : la Renaissance**

116 Introduction historique
122 Périodes littéraires

128 **1515-1560 : la ferveur renaissante**

133 Marot *(1496-1544)*
141 Maurice Scève *(1500 ?-vers 1562)*
144 Louise Labé *(vers 1524-1566)*
148 Du Bellay *(1522-1560)*
158 Ronsard *(1524-1585)*
165 Jodelle *(vers 1532-1573)*
170 Rabelais *(1494 ?-1553)*
188 Marguerite de Navarre *(1492-1549)*
193 Bilan littéraire : l'humanisme, la recherche
      de nouvelles voies

200 **1560-1616 : le temps des désillusions**

205 Ronsard *(1524-1585)*
215 Desportes *(1546-1606)*
218 Jean de Sponde *(1557-1595)*
221 Garnier *(1545-1590)*
224 La Boétie *(1530-1563)*
229 Montaigne *(1553-1592)*
247 La *Satire Ménippée* *(1594)*
251 Agrippa d'Aubigné *(1552-1630)*

266 Bilan littéraire : une sensibilité nouvelle

Annexes

271 Définitions pour le commentaire de texte
277 Index des auteurs
278 Index des œuvres
279 Index des thèmes
282 Chronologie historique et littéraire

Le Moyen Âge

Pour les historiens, le Moyen Âge français s'é-
tend du Vᵉ au XVᵉ siècle : il débute pour eux avec la
chute de l'Empire romain d'Occident en 476. L'historien de la littérature s'intéresse à une période
plus limitée, puisque la littérature française apparaît à la fin du XIᵉ siècle seulement.

Le temps des mutations

À la fin du XIᵉ siècle, le territoire national est encore
mal défini, l'autorité monarchique précaire. Certes,
depuis le partage de l'Empire carolingien (843), qui
donne naissance à la première délimitation d'un
royaume français, Hugues Capet (987-996) et ses
successeurs n'ont cessé d'étendre leurs frontières et
d'affirmer leur pouvoir.

Mais, au début du XIIᵉ siècle, le roi de France ne
règne pas sur un vaste territoire national unifié et

uniformément soumis à son autorité. Il possède un domaine aux dimensions encore modestes et doit s'imposer à des vassaux très puissants qui règnent eux-mêmes comme de véritables souverains sur des principautés parfois beaucoup plus étendues et plus riches que le domaine royal (par exemple, les comtes de Toulouse ou de Champagne). Le roi n'est lui-même qu'un suzerain situé en haut d'une pyramide dont l'organisation définit le système féodal : chaque seigneur est le vassal d'un seigneur plus puissant qui, lors de la cérémonie de l'« hommage », lui donne son fief (concession de terre) et lui assure sa protection. En échange, le vassal doit obéissance et fidélité à son suzerain.

Dans cette société fortement hiérarchisée et profondément religieuse, chacun se définit par sa fonction : on distingue ceux qui prient, ceux qui combattent, ceux qui travaillent. À la fin du XIe siècle, l'économie est encore essentiellement agricole, et ceux qui travaillent sont surtout les paysans, qu'ils soient libres ou serfs, c'est-à-dire accablés de charges qui les rendent dépendants. Le village, se développant à l'ombre du château, assure le revenu des seigneurs qui dominent et contrôlent la masse paysanne.

Sur la période qui s'étend du XIIe au XVe siècle, cette société connaît de profondes mutations. Alors que les XIIe et XIIIe siècles correspondent à un essor considérable dans tous les domaines, le XIVe et le XVe siècle constituent une longue période de crise.

XIIᵉ et XIIIᵉ siècles :
l'apogée du Moyen Âge

Le XIIᵉ siècle se caractérise par un dynamisme exceptionnel, né de la conjonction de facteurs économiques et sociaux, politiques et culturels. L'essor économique est assuré par un développement démographique considérable, dû en grande partie à l'amélioration des rendements agricoles : les terres sont défrichées, les techniques sont en progrès. Il en va de même dans le domaine artisanal, où les branches du textile et de la construction sont en expansion.

Il s'ensuit une relative prospérité. Elle se concrétise par un développement du commerce qui favorise la croissance et l'enrichissement des villes : on voit s'y dresser les premières cathédrales gothiques et s'y ouvrir les premières écoles urbaines, qui concurrencent celles des monastères. La vie spirituelle et intellectuelle se développe au point qu'on a pu parler d'une première « renaissance » au XIIᵉ siècle : l'abbaye de Cîteaux défend avec saint Bernard (1090-1153) une exigence de pureté et de rigueur dans la vie monastique qui rencontre un large écho et s'oppose au faste et aux préoccupations mondaines de la grande abbaye de Cluny ; dans les écoles épiscopales (Laon, Paris, Chartres abritent les plus renommées), on s'ouvre à l'étude de la culture antique. La grande figure d'Abélard (1079-1142), maître de théologie et de logique, domine la vie intellectuelle de la première moitié du siècle. Dans le même temps, la monarchie s'impose dans un univers féodal en mutation. Les rois capétiens Louis VI (1108-1137) et Louis VII (1137-1180) parviennent à amorcer un processus de centralisation du pouvoir. Ils s'appuient, pour asseoir leur autorité, sur une nouvelle conception de la personne royale définie par le moine Suger, abbé de Saint-Denis de 1122 à 1151 : la personne du roi devient sacrée. Son prestige, et à travers lui celui de la France, est encore renforcé par la participation de Louis VII, puis de Philippe Auguste (1180-1223), à la grande aventure des croisades commencée en 1095. Louis VII est pourtant confronté à une grave difficulté : en 1154, Henri Plantagenêt, duc d'Anjou et époux d'Aliénor, duchesse d'Aquitaine, monte sur le trône d'Angleterre. L'ouest de la France devient donc un territoire anglais. Philippe Auguste succède à Louis VII et se lance dans une entreprise de reconquête qui culmine avec la victoire de Bouvines (1214).

Le XIIIe siècle voit la consolidation de ce pouvoir monarchique et l'apogée de l'essor économique. Saint Louis (Louis IX, 1226-1270, canonisé dès 1297) poursuit l'œuvre centralisatrice, confirme le rôle de Paris comme capitale du royaume, et donne à la monarchie un prestige moral et religieux considérable. La recherche d'un ordre politique s'accompagne, surtout dans les villes, de la constitution de structures d'encadrement : structures religieuses entre autres, avec le développement très important des ordres mendiants (franciscains et dominicains), et professionnelles avec les confréries. Cela ne va pas sans une grande violence envers les groupes marginaux (pauvres, juifs, hérétiques) et les diverses manifestations de résistance à l'effort de centralisation monarchique (par exemple la révolte des barons du Midi et de l'Ouest). Parallèlement, les commerçants des villes s'enrichissent et constituent un nouveau groupe social très dynamique, dont la puissance financière va concurrencer celle des petits seigneurs progressivement appauvris par la stagnation des revenus de la terre. Le roi doit compter à présent avec cette bourgeoisie au sein de laquelle il recrutera, au siècle suivant, ses nouveaux serviteurs.

XIVe-XVe siècles : l'« automne du Moyen Âge »

Dès la fin du XIIIe siècle, la conjoncture économique se détériore. Philippe le Bel (1285-1314) doit faire face à cette crise tout en poursuivant l'œuvre de ses prédécesseurs par l'organisation des grands corps de l'État (le Conseil du roi, le Parlement, la Chambre des comptes), qui fournissent à la monarchie une administration centrale.

Au XIVe siècle, les difficultés économiques s'accompagnent de révoltes populaires (jacqueries) durement réprimées. Les épidémies de peste noire qui sévissent en Europe à partir de 1348 contribuent à créer un climat de profonde inquiétude. Les difficultés politiques ne sont pas moindres.

Elles commencent en 1328 par un problème de succession dynastique. Les fils de Philippe le Bel meurent sans descendance mâle. Le roi d'Angleterre se trouve en position de revendiquer la couronne. S'ouvre alors la guerre de Cent Ans (1337-1453). Elle est ponctuée par une succession de batailles et de traités qui redéfinissent les positions et le territoire de chacun, et remettent en question les acquis du XIIIe siècle. Le règne de Charles V (1364-1380), qui entreprend la reconquête du royaume avec l'aide de Du Guesclin, n'apporte aucune solution définitive.

Le XVe siècle s'ouvre donc sur une situation on ne peut plus confuse et agitée : la folie de Charles VI (roi de 1380 à 1422) laisse libre cours à la rivalité politique de deux grandes principautés, celle des Armagnacs et celle des Bourguignons. Le conflit dégénère en une guerre civile (1407), qui aboutit à livrer la France aux Anglais (1420, Henri V d'Angleterre est roi de France). Charles VII (1422-1461), après une reconquête politique et territoriale stimulée par Jeanne d'Arc, met fin à la guerre de Cent Ans. Les efforts de Louis XI (1461-1483) pour réduire la puissance des Bourguignons achèvent d'assurer le retour à un certain ordre.

À la fin du XVe siècle, une monarchie nationale s'est bel et bien constituée, et la centralisation monarchique est renforcée ; la guerre a permis, entre autres, d'institutionnaliser le prélèvement de l'impôt et de constituer une armée. Face à l'ennemi, le peuple a pris conscience de son appartenance à une nation, et la société dans laquelle il s'inscrit n'est plus celle de la féodalité.

Le grand schisme d'Occident fait coexister, à partir de 1378 et jusqu'en 1417, deux papes, l'un à Avignon, soutenu par la France, l'autre à Rome, reconnu par le reste de l'Europe. Malgré les problèmes religieux qu'il suscite, le schisme contribue au renforcement du pouvoir monarchique en favorisant le développement du gallicanisme, c'est-à-dire d'une Église française soumise davantage au pouvoir du roi qu'à celui du pape de Rome. Il aura contribué également à l'émergence de nouvelles formes de religiosité qui nourriront la Réforme du XVIᵉ siècle.

Périodes littéraires

Les origines de la littérature française

La littérature française naît au Moyen Âge. Pour incontestable qu'elle soit, une telle affirmation nécessite cependant quelques précisions.

À cette époque, la langue française n'est ni fixée ni unifiée. Ce que nous appelons littérature française rassemble des œuvres écrites dans deux langues : la langue d'oïl, constituée par les différents dialectes parlés dans le Nord (francien, picard, anglo-normand, etc.) et qui correspond à l'ancien français ; la langue d'oc, constituée par les dialectes du Sud. La littérature française, c'est donc surtout, dans un premier temps, celle qui s'écrit en langue « vulgaire » par différence et par opposition avec la langue latine, langue de la culture et de l'enseignement, et dans laquelle se rédigent aussi des textes littéraires.

Par ailleurs, naissance de la littérature ne signifie pas pour autant qu'il s'agit d'une littérature primitive ou naïve. Les œuvres médiévales doivent être abordées en fonction de leurs propres critères esthétiques, sensiblement différents de ceux de la littérature moderne.

Enfin, quatre siècles, c'est une durée considérable. Et, au cours du Moyen Âge, la littérature connaît des transformations importantes. On peut distinguer deux grandes périodes qui correspondent aux ruptures historiques. Les XIIe et XIIIe siècles marquent la naissance et l'épanouissement des grandes formes littéraires médiévales ; les XIVe et XVe siècles correspondent à des changements importants.

Naissances

Avant la fin du XIe siècle, les rares textes littéraires écrits en langue vulgaire sont des textes religieux, destinés à la liturgie — la pratique des rites du culte chrétien — (*Séquence de sainte Eulalie,* 880) ou à l'instruction des fidèles (*Vie de saint Alexis,* vers 1040).

La grande mutation du XIIe siècle consiste dans l'épanouissement d'une littérature non plus religieuse mais profane. On voit ainsi naître entre la fin du XIe et la fin du XIIe siècle trois formes littéraires fondamentales, dont les origines restent obscures et qui toutes trois s'expriment en vers : la chanson de geste (voir p. 20 et p. 76), la poésie lyrique, essentiellement courtoise (voir p. 78) et occitane, puis, vers le milieu du XIIe siècle, le roman, dominé par la figure de Chrétien de Troyes. Mais, alors que les deux premières sont destinées à être chantées (leur manifestation écrite a d'ailleurs pu être précédée par des manifestations orales), la troisième est destinée à la lecture, lecture à haute voix toutefois, la seule que le Moyen Âge connaisse.

Le XIIIe siècle assimile et transforme ces différentes formes sur lesquelles il porte déjà un regard critique. Il est marqué au premier chef par le développement d'une littérature en prose dans les genres du roman et de la chronique (voir p. 59 et 55). Mais la littérature versifiée n'est pas moins vivante et abondante, dans tous les genres. C'est en vers que s'écrivent les fabliaux (voir p. 22 et p. 51), la plupart des romans (voir p. 21 et p. 37) et notamment le *Roman de Renart* (voir p. 31). Il en va de même pour une des œuvres les plus importantes de cette époque, le *Roman de la Rose* (voir p. 62). Le théâtre, quant à lui, n'émerge que lentement (voir p. 23 et p. 72).

Les mutations des XIVe et XVe siècles

Les renouvellements sont liés à deux phénomènes importants. Le premier est de nature linguistique : la langue française évolue. Au début du XIVe siècle, elle abandonne les dernières marques d'une déclinaison (c'est-à-dire d'un système dans lequel la fonction du mot est marquée par une désinence). La syntaxe s'en trouve profondément modifiée. On passe ainsi de l'ancien français au moyen français. Pour un lecteur du XIVe siècle, la langue littéraire du XIIe siècle est déjà difficile à comprendre.

Le second phénomène consiste dans une nouvelle distribution des rôles respectifs du vers et de la prose. La prose s'affirme comme le mode d'expression de la vérité. Elle s'impose de plus en plus dans les formes narratives. Le vers s'attache quant à lui à l'expression de la subjectivité et de l'affectivité. Cette redistribution modifie profondément les genres qui s'étaient constitués dans la période précédente et réorganise le champ de l'expression littéraire. Elle accélère la naissance de la notion de poésie, dans son sens moderne.

Enfin, deux genres littéraires prennent leur essor : la littérature didactique (réflexion politique ou morale, traités d'éducation) d'une part, le théâtre d'autre part, théâtre religieux avec les miracles et les mystères (voir p. 84), théâtre profane et comique avec les farces et les sotties (voir p. 85).

Naissances

Naissances

L'œuvre médiévale

P lus qu'aucune autre, l'œuvre médiévale des
XIIe et XIIIe siècles nous parvient déformée.
Les nécessités de la traduction qui présente en
prose des textes le plus souvent composés en vers
ne sont pas les seules en cause.

Les textes de cette période ont été transmis par
des livres manuscrits établis pour la plupart au
XIIIe siècle par des copistes professionnels dans
des ateliers appelés scriptoriums. Fruit d'un travail long et fastidieux, plus ou moins soigné, le
livre manuscrit est un objet rare et précieux, soumis aux vicissitudes du temps. Notre connaissance de la littérature médiévale est tributaire des
aléas de ce mode de transmission, et, de ce fait,
incomplète : des œuvres ont été perdues,
d'autres ne subsistent que par fragments.

Transmise aujourd'hui par l'écrit, cette littérature était pourtant indissociable de sa diffusion
orale : l'épopée, la poésie lyrique, le roman (voir
plus loin) même sont destinés à être chantés ou
dits en public. Cette « performance » est généralement assumée par le jongleur, personnage aux
facettes multiples, sorte d'amuseur itinérant, qui

prête sa voix à l'œuvre devant le public des cours ou des villes. Le texte est ainsi accompagné de musique, de gestes, voire de commentaires, qui sont perdus pour le lecteur moderne, mais qui déterminent profondément la conception et la réception de l'œuvre.

Enfin, les notions d'œuvre et d'auteur n'émergent que lentement au Moyen Âge. Le texte est loin d'être figé : il peut être transformé par la performance du jongleur, mis en prose lorsqu'il a été composé en vers (c'est le cas de bien des romans au XIII siècle), repris et continué par un successeur (voir l'exemple du *Roman de la Rose*). Quant à l'auteur, il n'a pas vraiment de statut défini, et les œuvres sont souvent anonymes. Les conditions des écrivains sont d'ailleurs très variées. Au début du Moyen Âge, on en retiendra surtout deux. Une grande majorité de textes émanent de ceux qu'on appelle les clercs. Le clerc est une figure importante de la société médiévale. Il est à la fois homme d'Église, au sens où il a reçu la tonsure, et homme de savoir car, contrairement au laïque illettré, il sait lire et connaît le latin. On désignera donc comme « clerc » aussi bien le prêtre que le moine, le maître ou l'étudiant des écoles urbaines et des universités. La poésie lyrique courtoise est quant à elle composée par les troubadours dans le Sud et par les trouvères dans le Nord : poètes musiciens, ils sont sans doute les premiers à se définir et à se penser comme de véritables auteurs. De conditions sociales diverses (on

trouve parmi eux des princes comme des rotu-
riers), ils peuvent chanter eux-mêmes leurs
œuvres ou les confier à un jongleur.

La littérature courtoise

L a cour des grands princes est le lieu essentiel
de l'élaboration et de la diffusion des premières œuvres littéraires. C'est là que se manifeste un intérêt pour des genres profanes dans
lesquels chevaliers et hommes de cour trouvent
une image idéalisée de leurs propres valeurs.

La chanson de geste exalte les vertus guerrières
de la chevalerie. Poème épique, c'est-à-dire qui
évoque sous une forme narrative les hauts faits
du passé, elle relate essentiellement les exploits
de Charlemagne et de ses barons.

La poésie lyrique des troubadours voit le jour
dans les grandes cours princières du Sud. Elle renouvelle profondément l'image que le chevalier
se fait de lui-même : elle exige de lui qu'il soit
non seulement un preux guerrier mais aussi un
parfait amant. Caractérisée sur le plan formel par
l'association de la poésie et de la musique (d'où
l'emploi de l'adjectif « lyrique » au sens de « chantée »), elle se définit en effet par sa thématique
amoureuse. Le troubadour est avant tout le
chantre de la « fin'amor » (voir p. 78), c'est-à-dire
de l'amour parfait conçu à la manière d'un rite.
L'amour acquiert ainsi une dignité inédite et devient une des manifestations essentielles de la

« courtoisie ». Nouvel idéal à la fois moral et social proposé à la noblesse, la courtoisie est un
mélange complexe de qualités qui doivent sou-
ligner le raffinement d'une élite, manifester son
éducation, sa libéralité, la noblesse de sa naissance et de son cœur.

Enfin, c'est à la cour d'Aliénor d'Aquitaine et de
Henri II Plantagenêt qu'apparaît le roman dans la
seconde moitié du XIIe siècle. À l'origine, on
désigne sous ce terme les récits qui adaptent en
« roman », c'est-à-dire en ancien français, des
sources latines. Mais l'inspiration romanesque est
plus variée. Dès le Moyen Âge, on distingue deux
« matières » ou sources romanesques : la matière
antique, qui reprend les grands mythes de l'Antiquité (le *Roman de Thèbes*, vers 1155, en est la première émanation), et la matière de Bretagne
(c'est-à-dire de Grande-Bretagne), inspirée des lé-
gendes et des contes celtiques qui, venus d'Irlan-
de, font une large place au merveilleux. Le roi
Arthur et les chevaliers de la Table ronde en sont
les héros. Ils évoluent dans un univers légendaire,
l'univers « arthurien ». Dès cette époque, le roman
s'ouvre aux influences de la poésie lyrique courtoise, d'abord à la cour de la petite-fille du premier
troubadour (le poète Guillaume de Poitiers), Aliénor d'Aquitaine, puis à celle de sa fille Marie de
Champagne. C'est là que Chrétien de Troyes
compose une partie de son œuvre, qui illustre de
manière originale et complexe la rencontre de
l'univers arthurien et de l'univers courtois.

L'ouverture de l'horizon littéraire au XIIIe siècle

L' idéalisme de la littérature courtoise, son goût prononcé pour le merveilleux apparaissent vite comme des limites. Dès le XIIIe siècle, alors même que les genres courtois continuent à se développer, le champ littéraire s'élargit pour répondre à de nouvelles aspirations et à d'autres intérêts.

La langue vulgaire est utilisée pour des ouvrages plus didactiques, c'est-à-dire plus soucieux d'instruire. L'essor de la « chronique » témoigne de l'intérêt porté non plus seulement à l'univers légendaire du passé mais aussi à l'histoire contemporaine qu'il faut consigner et interpréter (voir p. 55). Dans un genre tout à fait différent, le *Roman de la Rose* fait la brillante démonstration des vertus didactiques de l'allégorie dans le domaine littéraire. L'allégorie consiste essentiellement dans la personnification de notions abstraites ou de sentiments. Raison, Amour, Haine, Jalousie deviennent les personnages du récit. Ce procédé permet de représenter et d'analyser sous une forme concrète les passions, les vertus ou les vices de l'homme.

À la fin du XIIe siècle, le *Roman de Renart* a proposé une critique acerbe et comique, en un mot une satire, du monde féodal et de l'univers courtois. Au début du siècle suivant, la satire se fait plus virulente. Reprise dans les fabliaux, elle s'inscrit cette fois dans une vision du monde radicalement étrangère à celle de la courtoisie. Ces petits contes en vers mettent en scène des personnages de condition modeste, plongés dans un univers réaliste. Ils recourent à un style « bas », parfois grossier, pour raconter le plus souvent l'histoire d'une duperie (voir p. 51).

Enfin, les villes, qui connaissent au XIIIe siècle un essor remarquable, deviennent à la fois le lieu d'une activité littéraire plus importante et le cadre privilégié dans lequel sont situés, à l'intérieur des œuvres, auteurs et personnages. C'est ce dont témoigne de manière exemplaire la poésie lyrique de Rutebeuf (voir p. 68). Mais d'autres faits sont à prendre en compte : les villes du Nord créent des sociétés littéraires, les Puys, qui organisent des concours de poésie lyrique ; la première expression d'un théâtre profane, le *Jeu de la feuillée* d'Adam de la Halle, est intimement liée à la fête de la ville d'Arras qui a lieu vers 1276-1277 et au cours de laquelle est représentée la pièce.

La Chanson de Roland

(vers 1100)

·······································

La Chanson de Roland. C'est la plus ancienne des chansons de geste. Elle a été conservée par sept manuscrits qui sont autant de versions différentes du poème. Le manuscrit d'Oxford, copié entre 1125 et 1150, est considéré comme le plus proche de la première version. C'est pourquoi il sert aujourd'hui de base à l'établissement du texte. Il a été composé en dialecte anglo-normand et l'ensemble de ses 4 002 vers se présente sous la forme de laisses (strophes de longueur irrégulière signalées par des numéros dans l'extrait qui suit). Le dernier vers, « Ici s'achève l'histoire que raconte Turold » (« Ci falt la geste que Turold declinet »), donne lieu à différentes interprétations. Turold peut être l'auteur de cette version, mais aussi le copiste, le remanieur ou le récitant. L'œuvre elle-même reste donc entourée du mystère de l'anonymat.

La geste s'inspire d'un événement historique consigné par les chroniques carolingiennes et arabes : la bataille de Roncevaux, qui s'est livrée le 15 août 778. La distance chronologique qui sépare l'événement de l'œuvre, la découverte de certains documents mentionnant Roland dès le IXe siècle laissent supposer que la manifestation écrite a pu être précédée par des manifestations orales, premières élaborations poétiques de la légende. Rien n'est assuré et l'origine du poème reste énigmatique. Inspirée par l'histoire qu'elle déforme pour magnifier à la fois le passé et le présent, *la Chanson de Roland* constitue la première transfiguration épique de la geste de Charlemagne et de ses barons.

Après sept années de guerre contre les Sarrasins (les Arabes), Charlemagne a arraché toute l'Espagne des mains des païens ; toute l'Espagne, sauf Saragosse, où règne le roi Marsile. Alors qu'on négocie la reddition et la conversion de celui-ci, l'armée des Francs commence à faire retraite. Mais Ganelon, vassal de Charlemagne et ambassadeur auprès des païens, trahit. L'arrière-garde de l'armée, conduite par Roland, tombe dans une embuscade à Roncevaux (en Espagne, dans les Pyrénées). Olivier, preux chevalier et ami de Roland, aperçoit l'armée ennemie, comprend qu'ils ont été trahis et, devant l'inégalité des forces en présence, enjoint Roland de sonner du cor pour rappeler Charlemagne.

« Roland, mon ami, sonnez de votre cor »

85.   « Roland, mon ami, sonnez de votre cor. Charles l'entendra, lui qui traverse les défilés[1]. Je vous le garantis, les Français feront aussitôt demi-tour. — À Dieu ne plaise, réplique Roland, que personne au monde dise jamais que j'ai sonné du cor pour des païens. Mes parents n'encourront jamais ce reproche. Quand je serai au cœur de l'immense bataille et que je frapperai des milliers de coups, vous verrez l'acier de Durendal[2] tout trempé de

5

---

1. Les cols des Pyrénées.
2. Nom de l'épée de Roland.

10 sang. Les Français sont courageux, ils frapperont vaillamment ; jamais ceux d'Espagne ne seront protégés de la mort. »

86.   Mais Olivier lui répond : « Je ne vois pas pourquoi on vous blâmerait. Moi j'ai vu les Sarrasins
15 d'Espagne. Ils submergent les vallées, les montagnes, les collines et toutes les plaines. Immenses sont les armées de cette race étrangère et nous, nous n'avons qu'une troupe bien mince. » Roland lui réplique : « Mon ardeur en redouble. Qu'il ne
20 plaise ni à Dieu, notre Seigneur, ni à ses anges, que, par ma faute, la France perde son honneur ! Je préfère la mort à la honte ! Les rudes coups que nous frappons nous font mieux aimer de l'empereur. »

25 87.   Roland est téméraire et Olivier réfléchi. L'un comme l'autre ont une merveilleuse bravoure. Une fois à cheval et en armes, jamais la peur de la mort ne leur fera esquiver la bataille. Les deux comtes sont courageux et leurs paroles fières. Les traîtres
30 païens chevauchent pleins de fureur. Olivier remarque : « Roland, voyez leur nombre. Eux sont très près de nous mais Charles est bien trop loin. Vous n'avez pas daigné sonner de votre cor mais, si le roi était là, nous ne subirions pas de perte. Regardez
35 là-haut vers les défilés d'Espagne. Vous pouvez voir : pitoyable est l'arrière-garde ; celui qui en fait partie ne sera jamais d'aucune autre. » Roland lui répond : « N'exagérez pas à ce point ! Maudit soit le

cœur qui flanche dans la poitrine ! Nous tiendrons
40 bon sur place. À nous les coups et les mêlées ! »

LA CHANSON DE ROLAND, *vers 1100,*
laisses 85 à 87, trad. P. Jonin, Gallimard, coll. « Folio », 1979.

Guide de lecture
....

1. Étudiez les temps du texte. Quel est l'effet produit par les répétitions sur le déroulement du récit ?

2. À partir d'une étude des motifs de l'opposition entre Roland et Olivier, ainsi que du commentaire qu'en fait le narrateur, définissez l'idéal de la prouesse chevaleresque qui s'exprime dans ce passage.

3. Pouvez-vous relever dans le texte des accents tragiques ? Lesquels ?

JAUFRÉ RUDEL
(milieu du XIIe siècle)

....

De l'œuvre certainement abondante de ce troubadour, dont l'activité poétique se situerait entre 1130 et 1170, il ne reste que six poèmes qui chantent avec prédilection un amour lointain et perpétuellement insatisfait.

Dans cette « canso » — la « chanson » des troubadours, composée de quatre strophes en moyenne et d'un « envoi » (strophe plus brève dans laquelle le poète s'adresse au destinataire) —, le thème de l'amour lointain trouve sans doute sa plus belle expression.

« Lorsque les jours sont longs en mai »

Lorsque les jours sont longs en mai
Me plaît le doux chant d'oiseaux lointains,
Et quand je suis parti de là
Me souvient d'un amour lointain ;
5 Lors m'en vais si morne et pensif
Que ni chants, ni fleurs d'aubépines
Ne me plaisent plus qu'hiver gelé.

Je tiens bien pour seigneur de vrai[1]
Celui par qui verrai l'amour lointain ;
10 Mais pour un bien qu'il m'en échoit[2]
J'en ai deux maux, tant m'est lointain.

---

1. Je tiens pour un véritable seigneur.
2. M'en advient.

Ah, fussé-je là pèlerin,
Que mon bâton et ma couverte[1]
Puissent être vus de ses beaux yeux !

15 Joie me sera quand je lui querrai[2],
Pour l'amour de Dieu, d'accueillir l'hôte lointain,
Et s'il lui plaît m'hébergerai
Auprès d'elle, moi qui suis lointain,
Alors seront doux entretiens
20 Quand l'hôte lointain sera si voisin
Que les doux propos le soulageront.

Triste et joyeux m'en séparerai,
Si jamais la vois, de l'amour lointain
Mais je ne sais quand la verrai,
25 Car trop en est notre pays lointain :
D'ici là sont trop de pas et de chemins ;
Et pour le savoir, ne suis pas devin
Mais qu'il en soit tout comme à Dieu plaira.

Jamais d'amour je ne jouirai
30 Si je ne jouis de cet amour lointain,
Je n'en sais de plus noble, ni de meilleur
En nulle part, ni près ni loin ;
De tel prix elle est, vraie et parfaite
Que là-bas au pays des Sarrasins[3],
35 Pour elle, je voudrais être appelé captif !

---

1. Couverture (qui sert de manteau).
2. Demanderai.
3. Arabes.

Dieu qui fit tout ce qui va et vient
Et forma cet amour lointain
Me donne pouvoir, que j'en aie le cœur[1],
Que je puisse voir cet amour lointain,
40 En vérité en tel logis
Que la chambre et que le jardin
Me soient en tout temps un palais.

Il dit vrai qui m'appelle avide
Et désireux d'amour lointain,
45 Car nulle autre joie ne me plaît autant
Que jouissance d'amour lointain.
Mais ce que je veux m'est refusé,
Car ainsi me dota mon parrain[2],
Que j'aime et ne suis pas aimé.

50 Mais ce que je veux m'est refusé ;
Qu'il en soit maudit, le parrain,
Qui me dota de n'être pas aimé.

CHANSON, *1130-1170, édition établie par A. Pauphilet, revue et augmentée
par R. Pernoud et A.-M. Schmidt dans Poètes et romanciers du Moyen Âge,
Gallimard, coll. « Bibliothèque de la Pléiade », 1952.*

Guide de lecture

1. Comment s'exprime le sentiment de l'éloignement ? Pourquoi paraît-il irrévocable ?

2. Comment l'objet de l'amour est-il évoqué ?

---

1. Qu'il me donne le pouvoir, que j'aie le courage.

2. Celui qui l'a tenu sur les fonts baptismaux et qui a ainsi décidé de son destin.

LE ROMAN
DE RENART   *(1170-1250)*

Ce que l'on a coutume de rassembler sous le titre générique de *Roman de Renart* est constitué de plusieurs séries d'épisodes, ou « branches », assez indépendantes les unes des autres, et composées en vers par différents auteurs entre 1170 et 1250. Leur unité est assurée par le retour des mêmes personnages, en particulier de Renart, qui incarne la ruse, et dont les branches racontent les bons tours. Elle repose également ment sur l'utilisation d'un procédé qui trouve son origine aussi bien dans la littérature savante, représentée notamment par la tradition gréco-latine des fables d'Ésope (vie siècle avant J.-C.) que dans le folklore universel : l'évocation de la vie et de la société humaines par l'intermédiaire du travestissement animal.

Ces principes de composition laissent une assez grande liberté aux auteurs qui exploitent dans un sens plus au moins satirique (voir lexique) les ressources comiques du procédé. Ils favorisent également l'ambiguïté du personnage de Renart : à la fois positive et négative, sa ruse fera l'objet d'interprétations variées. Quoi qu'il en soit, Renart a rencontré un succès considérable. L'enrichissement progressif des branches en témoigne, ainsi que l'utilisation du personnage dans d'autres œuvres. La victoire de Renart est si grande qu'il est parvenu à faire de son nom propre un nom commun, supplantant ainsi le terme de « goupil » employé jusque-là.

BRANCHE I.   Renart doit être jugé à la cour du roi
Noble, le lion. Comme il ne s'y présente pas, le roi lui
envoie des émissaires qui ont pour charge de le ramener. À chacun, il réserve un bon tour. Il reçoit, dans
l'extrait suivant, Brun, l'ours. La préparation du piège
qu'il lui destine est l'occasion d'un discours satirique
sur les repas à la cour.

« Ah ! s'ils pouvaient être
tous brûlés sur le même bûcher ! »

« **B**run, dit Renart, beau doux ami, quelle
épreuve inutile on vous a imposée, en vous
égarant par ici ! Je me préparais justement à me
rendre à la cour, mais non sans avoir goûté, avant
5   que de partir, d'une exquise spécialité française. Sire
Brun — mais vous l'ignorez — on dit à la cour :
« Sire, lavez-vous les mains » au riche personnage
qui y vient. Bienheureux qui lui tient les manches !
Au premier service, on lui offre du bœuf au verjus[1],
10   puis ce sont les autres services, dès que l'hôte de
marque les réclame. Mais l'indigent qui n'a pas le
sou, il est fait de l'excrément du diable : il n'a de
place ni au foyer ni à la table, mais il mange sur ses
genoux. Les chiens rôdent autour de lui, qui lui ar-
15   rachent le pain des mains. Boire deux fois, pas question ; et si on voulait boire plus de deux fois, inutile

_____

1. Jus d'un gros raisin pressé alors qu'il est encore vert.

de chercher à sauver sa peau. Les marmitons, qui
sont plus féroces que *l'hermecon*[1], lui jettent des os.
Chacun serre son croûton dans son poing, car ils
20 sont tous coulés dans le même moule et les inten-
dants et les cuisiniers. Et tout ce qui fait le régal de
leurs seigneurs abonde à la table des serviteurs : ah !
s'ils pouvaient être tous brûlés sur le même bûcher !
Ils mettent de côté de la viande et du pain à l'inten-
25 tion de leurs ribaudes[2]. C'est pourquoi, comme je
vous l'ai dit, je me suis composé dès midi un repas
de tous mes plats préférés, et j'ai mangé six portions
de miel frais, tiré de bons rayons.

LE ROMAN DE RENART, *1170-1250,*
branche I, trad. Henri Rey, Flaud et André Eskénazi,
éd. Champion, 1982.

---

1. Mot de sens inconnu et de consonance grecque, certainement inventé
par l'auteur.

2. Femmes aux mœurs dépravées.

Guide de lecture
....

**1. De qui Renart est-il
le porte-parole ? Sur
quel ton s'exprime-t-il ?**

**2. Comment son dis-
cours est-il rattaché à
l'intrigue ?**

BRANCHE I B   Juste avant l'extrait qui suit, Renart est
tombé par mégarde dans une cuve de peinture. Il en est
ressorti teint en jaune, ce dont il se réjouit : le voilà
méconnaissable. Enfin, presque.

« Yes ! moi être bon jongliste »

V oici qu'il aperçoit Isengrin[1]. Quelle frayeur il
éprouve ! Le voilà en fâcheuse posture : il
meurt de faim et Isengrin est extraordinairement
grand et fort.

5 « Mon Dieu, se dit Renart, c'en est fait de moi :
Isengrin est gros et gras, et je suis maigre, affaibli par
le jeûne qui me torture ; je ne crois pas que mon aspect éveille son attention, mais — je ne le sais que
trop — il me reconnaîtra à ma voix : rien n'est plus
10 assuré. N'importe ! Je vais m'avancer, et j'appren-
drai des nouvelles de la cour. » Une idée germe dans
son esprit, et il prend en lui-même le parti de déguiser sa façon de parler.

Isengrin regarde de son côté ; il voit venir Renart ;
15 il lève la patte et, avant que le goupil n'arrive à sa
hauteur, il se signe plus de cent fois, sauf erreur ; il a
une telle peur qu'il est bien près de détaler. Après
quoi, il s'arrête : jamais il n'a vu pareille bête ; ce
sera quelque étranger. Voici Renart qui le salue :

20 « Good herr, fait-il, beau sir, je ne sais rien parler
en ton langue.

— Dieu vous bénisse, répond l'autre, ami ; de
quel pays êtes-vous originaire ? car vous n'êtes pas
natif de France, et vous n'êtes pas d'un pays connu.
25 — Nô, seigneur : je suis de Great Bretagne ; j'aurai perdu mon argent et parcouru tout pour ma camarade, sans trouver rien que me renseigne. Toute

---

1. Le loup, ennemi traditionnel de Renart.

la France et toute l'Angleterre je suis fouillé pour ma
camarade trouve ; aussi, je veux aller à Paris avant
30 de continiouer, et je prendrai très bien le français.

— Êtes-vous au moins bien versé dans quelque
art ?

— Yes ! moi être bon jongliste ; mais moi être
hier dérobert et battu, et mon vielle[1] m'avoir été
35 volé ; je ne mangeai de deux jours entiers ; moi manger maintenant beaucoup volontiers.

— Comment t'appelles-tu ? dit Isengrin.

— Je être avoir nom Galopin. Et vô comment, sire
brave homme ?

40 — On m'appelle sire Isengrin.

— Et vô être né dans ce contrée ?

— Oui ; il y a longtemps que j'y habite.

— Et comment est pelée cette pays ?

— La France, bel ami.

45 — Et savez-vô des nouvelles du roi ?

— Que t'importe le roi ? Tu n'as point de vielle[2] !

— Lui être brave homme ; il reçoit avec plaisir les
artistes. Moi être savoir bons lais bretons, de Merlin
et dou Netun, dou roi Lartur et de Tritant, de Char-
50 pel et de saint Brendan[3].

— Et connais-tu *(ici, Isengrin parodie le parler de
l'étranger)* le lai de dâme Yseutt ?

---

1. Instrument de musique à cordes dont s'accompagne le jongleur.

2. Sans son instrument, il ne peut chanter à la cour.

3. Références littéraires déformées : courtes pièces en vers qui racontent
des épisodes de la légende de Merlin, l'enchanteur des romans de la Table
ronde, de Noton, personnage diabolique qui apparaît dans les romans, du
roi Arthur, de Tristan et Yseut ; le *Voyage de Saint Brendan* raconte le
voyage du saint en enfer et au paradis terrestre.

— Yes. yes, dit l'autre, God bless me ! moi les savoir beaucoup bien tous ! »

55   Isengrin dit : « Tu es un excellent jongleur, un ar-
tiste de talent, j'ai l'impression. [...] »

Le Roman de Renart, *1170-1250,*
branche I b, trad. Henri Rey, Flaud et André Eskénazi,
éd. Champion, 1982.

Guide de lecture
••

1. Étudiez les procédés
du comique.
2. Quelle image du
jongleur donne Renart

à travers son traves-
tissement ?

CHRÉTIEN DE TROYES *(vers 1135-1185)*

LES DÉBUTS DU « ROMAN ». La vie de celui qui signa son premier roman du nom de Chrétien de Troyes est mal connue. On sait seulement que ce clerc fréquenta successivement la cour de Champagne, où il écrivit pour Marie de Champagne, et celle de Flandres. Son œuvre est pourtant une des plus importantes du XIIᵉ siècle ; importante pour sa beauté, sa richesse novatrice et son influence.

Chrétien de Troyes fut en effet celui qui donna une orientation nouvelle et décisive au roman en l'éloignant de la chronique ou du récit historique et en centrant son intérêt sur la destinée d'un héros. Si ses cinq romans composés en vers (*Érec et Énide*, vers 1165 ; *Cligès*, 1176 ; *Lancelot ou le Chevalier à la charrette*, 1179 ; *Yvain ou le Chevalier au lion*, 1180 ; *Perceval ou le Roman du Graal*, 1181) se situent dans le monde arthurien et reprennent la matière de Bretagne, la réalité historique n'y est plus qu'un lointain repère. Les personnages sont inscrits dans un espace-temps largement symbolique. Errant dans un univers rempli de signes qu'il s'efforce de déchiffrer sans toujours y parvenir, le chevalier est d'abord à la recherche de lui-même, de son identité et du sens de son existence. L'aventure chevaleresque et l'amour, au sens courtois, mais aussi au sens chrétien du terme, sont ses seuls auxiliaires.

YVAIN OU LE CHEVALIER AU LION (1180). Yvain, vaillant chevalier, épouse celle qu'il aime, la belle Laudine. Toutefois, craignant de se laisser détourner des valeurs et des prouesses chevaleresques par le mariage, il obtient de sa femme la permission de retourner pour un an à sa vie aventureuse : mais il laisse passer le délai fixé. Alors que le roi Arthur et sa cour lui rendent visite dans le pavillon (grande tente de forme conique) qu'il a fait dresser hors des murs de la ville, survient une demoiselle, qui lui annonce que Laudine, se considérant trahie et abandonnée, le bannit pour toujours. Yvain en perd la raison et s'enfuit.

« Sa raison l'avait abandonné »

Il erre tant que le voilà fort loin des tentes et des pavillons. Alors il lui monte à la tête un tel vertige que sa raison le quitte : il déchire et lacère ses vêtements, s'enfuit par les champs et par les la-
5 bours, laissant désemparés ses gens qui se demandent où il peut bien être : ils vont le cherchant, à droite et à gauche, par les logis des chevaliers, par les haies et par les vergers ; mais ils le cherchent là où il n'est pas. Et le malheureux court à toutes
10 jambes jusqu'à ce qu'il trouve, près d'un enclos, un valet qui tenait un arc et cinq flèches barbelées [1], très acérées et larges. Yvain s'approche du valet pour lui ravir le petit arc et les flèches qu'il avait à la main. Cependant il n'avait plus souvenir d'aucun de ses
15 actes passés. À l'affût des bêtes dans la forêt, il les tue et se repaît de la venaison toute crue.

---

1. Dont la tige comporte des pointes en fer.

Il rôdait dans les bois depuis longtemps, comme une brute privée de raison, quand il trouva la maison d'un ermite, très basse et très petite. L'ermite défrichait. Apercevant cet homme nu, il comprit aussitôt, sans nulle hésitation, que sa raison l'avait abandonné ; c'était un fou, il en fut convaincu ; et tout effrayé, il se réfugia dans sa maisonnette ; mais, par charité, le saint homme prit de son pain et de son eau qu'il lui mit, hors de sa maison, sur le rebord d'une étroite fenêtre ; l'autre s'approche, plein de convoitise, prend le pain et y mord ; jamais, me semble-t-il, il n'en avait goûté d'aussi grossier ni d'aussi âpre ; la mouture dont ce pain avait été fait n'avait pas coûté vingt sous le setier [1] ; mais une faim immodérée et excessive force à manger n'importe quoi : mon seigneur Yvain dévora tout le pain de l'ermite et il le trouva savoureux ; puis il but de l'eau froide au pot.

Dès qu'il a mangé, il se jette à nouveau dans la forêt pour y traquer biches et cerfs ; et le saint homme sous son toit, quand il le voit partir, prie Dieu de le garder du forcené et de ne plus le ramener de ce côté. Mais il n'est personne, ayant tant soi peu de bon sens, qui ne retourne de grand cœur au lieu où on lui fait du bien. Depuis, le dément ne laissa passer huit jours, tant qu'il vécut dans cette frénésie, sans déposer sur le seuil de l'ermite quelque bête sauvage.

YVAIN OU LE CHEVALIER AU LION, *1180,*
vers 2 806 à 2 867, trad. C. Buridan et J. Trotin, éd. Champion,
1974.

---

1. Mesure de capacité pour les grains.

Guide de lecture
···

1. Comment se ma-
nifeste la folie d'Yvain ?
En quoi la rencontre
avec l'ermite permet-
elle d'en poser les
bornes ?

2. Relevez les inter-
ventions du narrateur
et précisez-en la fonc-
tion.

PERCEVAL OU LE ROMAN DU GRAAL (1181).   *Perceval* est
le dernier des romans de Chrétien de Troyes. Resté
inachevé, il retrace dans une première partie l'initiation
d'un jeune Gallois au monde de la chevalerie et de la
courtoisie. L'initiation se double d'une quête, la recherche du Saint-Graal, objet mystérieux, qui enrichit la
dimension spirituelle et poétique du récit. La première
page du roman présente un héros qui n'a pas encore de
nom et qui ignore tout de la chevalerie.

« Ce sont anges que je vois ici ! »

C e fut au temps qu'arbres fleurissent, feuilles,
bocages et prés verdissent et les oiseaux en
leur latin doucement chantent au matin et tout être
de joie s'enflamme. Lors le fils de la dame veuve se
5 leva dans la Gaste[1] Forêt solitaire. Vivement sella
son cheval de chasse, prenant trois javelots et sortit

---

1. Déserte.

du manoir de sa mère. Il se disait qu'il irait voir les herseurs[1] qui lors semaient les avoines avec douze bœufs et six herses.

10 Ainsi en la forêt il entre et sitôt son cœur se réjouit pour le doux temps qui s'éjouit[2] et pour ce chant-là qu'il entend de tant d'oiseaux qui mènent joie. Toutes ces choses lui sont douces. Pour la douceur du temps serein il ôte au cheval son frein[3] et il le
15 laisse aller paissant par l'herbe fraîche et verdoyante.

Il s'amuse à lancer ses javelots alentour devant, derrière, à droite, à gauche, en haut, en bas. Et voici qu'il entend venir cinq chevaliers armés, de toutes
20 leurs armes parés. Menaient grand bruit les armes de ceux qui venaient, car souvent elles se heurtaient aux branches des chênes et des charmes. Tous les hauberts[4] en frémissaient. Les lances aux écus[5] se heurtaient. Sonnait le bois, sonnait le fer et des écus
25 et des hauberts.

Le garçon entend mais ne voit ceux qui viennent à bonne allure. Il s'étonne disant : « Par mon âme, elle dit vrai ma mère, ma dame, qui m'assure que les diables sont les plus laides choses du monde et
30 m'enseigne à me signer[6] pour me protéger de ces

---

1. Ceux qui travaillent la terre avec la herse, instrument à dents qui brise les mottes et creuse les sillons.
2. Se réjouit.
3. Partie de la bride que l'on met dans la bouche du cheval pour le diriger.
4. Cotte de mailles qui protège le haut du corps.
5. Boucliers.
6. Faire le signe de croix.

diables. Mais ainsi je ne ferai point ! Vraiment je ne me signerai ! Non, le plus fort je choisirai. De mon javelot le frapperai. Nul des autres n'approchera ! »

Ainsi se parle-t-il avant de les apercevoir. Mais,
35 quand ils sont à découvert, il voit les hauberts étincelants, les heaumes[1] clair luisants et les lances et les écus, et l'or et l'azur et l'argent. Il s'en écrie, tout ébloui : « Ah, sire Dieu, pardon ! Ce sont anges que je vois ici ! En vérité, oui, j'ai péché en croyant que
40 c'était des diables ! Ma mère ne me trompait pas quand elle me disait que les anges sont les plus belles choses qui soient, excepté Dieu, plus beau que tous. Mais celui-ci, que je vois bien, est si magnifique que ceux qui l'accompagnent sont dix fois
45 moins beaux que lui ! Comme ma mère me l'a dit, on doit surtout adorer Dieu, le supplier et l'honorer. Je vais adorer celui-ci et tous les anges après lui. »

Perceval ou le Roman du Graal, *1181,*
v. 67 à 148, trad. J.-P. Foucher et A. Hortais, Gallimard, coll.
« Folio », 1974.

Guide de lecture
....

**1. Comment la scène
est-elle située dans le
temps et dans l'espace ?**

**2. Comment l'auteur
caractérise-t-il son
personnage ?**

---

1. Casques lacés par des cordons de cuir. Ils couvrent la tête et le haut du visage.

BÉROUL *(vers 1170-1175)*

....

Tristan. La légende de Tristan et Yseut a donné naissance à un des grands mythes du Moyen Âge occidental, mythe de l'amour fatal qui fait apparaître la force mystérieuse et destructrice de la passion. D'origine celtique (elle se rattache à la matière de Bretagne), sa naissance reste obscure, mais son succès fut immense.

L'histoire des deux amants adultères, unis par le pouvoir d'un breuvage magique, le philtre d'amour qui aliène leur volonté, défiait à la fois la morale et le code de l'amour courtois. Elle rencontra par conséquent certaines résistances et fit l'objet de plusieurs interprétations qui tendaient à la moraliser. Mais la fascination qu'elle exerça dès la seconde moitié du xiie siècle suscita des œuvres nombreuses qui rapportent soit la totalité, soit certains épisodes seulement de la légende.

Deux récits français en vers ont été conservés, celui de Béroul (1170-1175 ?) et celui de Thomas (1172-1175 ?), dont il ne subsiste que des fragments.

Tristan de Béroul (vers 1770-1175). Le roman de Béroul livre la version dite « commune », c'est-à-dire la moins courtoise, considérée comme la plus proche d'une hypothétique version primitive. L'action du philtre y est limitée dans le temps, et le breuvage magique ne peut être tenu, comme c'est le cas chez Thomas, pour un simple symbole de l'amour. Sa fonction n'en est que plus troublante ; son pouvoir, plus inquiétant.

Dans ce passage, Tristan et Yseut, sous le charme du philtre, ont échappé au roi Marc, époux d'Yseut, et à sa cour ; ils ont trouvé refuge dans la forêt de Morrois, où ils ont vécu leur amour dans le dénuement d'une vie sauvage. Mais le pouvoir du philtre est parvenu à son terme, et Tristan, comme revenu à lui-même, décide qu'il faut se séparer, qu'Yseut doit retourner auprès du roi Marc vivre sa vie de reine pendant qu'il ira guerroyer en pays étranger. Le roi Marc ayant fait savoir qu'il acceptait le retour d'Yseut, les deux amants se préparent aux adieux ; des adieux déchirants, car, si le philtre est maintenant sans effet, la passion n'en est pas morte pour autant.

« Dieu, dit Tristan, quelle séparation ! »

« Dieu, dit Tristan, quelle séparation ! Il a bien mal celui qui perd son amie. Mais il faut pourtant le faire après les privations que vous avez supportées à cause de moi : vous ne devez pas souffrir davantage. Quand viendra le moment de la séparation, je vous donnerai, belle amie, mon gage d'amour[1] et vous me donnerez le vôtre. Tant que je serai dans ce pays étranger, que je fasse ou non la guerre, je vous enverrai des messages. Ma belle

5

---

1. « Gage d'amour » traduit en français moderne le terme de « druerie » qui appartient au vocabulaire du code courtois et qui a été emprunté au lexique qui exprime, dans le système féodal, les relations du vassal à son suzerain.

10 amie, écrivez-moi alors en toute franchise, selon votre bon plaisir. »

Yseut poussa un profond soupir et dit :

« Tristan, écoutez-moi un peu. Laissez-moi Husdent, votre braque[1]. Jamais un chien de chasse ne 15 sera gardé avec autant d'égards que celui-ci. Quand je le verrai, il me semble, je me souviendrai souvent de vous. Si triste que soit mon cœur, sa vue me réjouira. Jamais depuis que la loi divine a été proclamée, une bête n'aura été si bien hébergée ni couchée 20 dans un lit aussi somptueux. Ami Tristan, j'ai une bague avec un jaspe[2] vert et un sceau[3]. Beau sire, pour l'amour de moi, portez la bague à votre doigt et si le désir vous prend, sire, de m'envoyer un message, je n'en croirai rien tant que je ne verrai pas cet 25 anneau. Mais, si je vois la bague, aucune interdiction royale ne m'empêchera, que cela soit sage ou non, d'accomplir ce que dira celui qui m'apportera cet anneau, pourvu que cela n'entache pas notre honneur ; je vous le promets au nom de notre parfait 30 amour[4]. Ami, acceptez-vous de me donner le vif Husdent attaché à sa laisse ? »

Tristan répond :

« Mon amie, je vous donne Husdent comme gage de mon amour.

---

1. Chien de chasse.

2. Roche siliceuse.

3. Cachet sur lequel sont gravés des signes distinctifs.

4. Dans le texte original, Béroul emploie l'expression courtoise de « fin'amor » qui apparaît ici pour la première fois dans le roman.

35   — Sire, je vous en remercie. Puisque vous m'avez
confié le braque, prenez la bague en échange. »

Elle l'ôte de son doigt et la lui passe. Tristan et
Yseut échangent des baisers, en gage mutuel de possession[1].

40   Le Tristan de Béroul, *vers 1170-1175,*
v. 2 653 à 2 704, trad. D. Lacroix et P. Walter. Le Livre de Poche,
coll. « Lettres gothiques », 1989.

Guide de lecture
....

1. **Comment et par qui**   présent les deux per-
la séparation est-elle   sonnages ? Comment
justifiée ?   s'exprime-t-il ?
2. **Comment définiriez-**
vous l'amour qui unit à

---

1. Cette dernière expression traduit le terme de « saisine » qui exprime les
relations entre vassal et suzerain.

AUCASSIN ET NICOLETTE
(fin du xiie-début du xiiie s.)

....

UNE CHANTEFABLE. L'auteur anonyme qui compose *Aucassin et Nicolette* dans le dernier quart du xiie siècle ou au début du xiiie désigne lui-même son œuvre comme une « chantefable ». L'expression convient en effet pour rendre compte de l'alternance de strophes assonancées (voir p. 271) destinées à être chantées et de passages en prose faits pour être dits qui caractérise la forme de l'œuvre. Mais elle ne permet pas de la rattacher à un genre, puisque *Aucassin et Nicolette* est le seul récit médiéval qui présente cette composition. Œuvre unique, inclassable, qui tient aussi bien du roman, du conte ou du fabliau que du théâtre, la chantefable développe une intrigue unique sur un ton léger, empreint d'ironie.

AUCASSIN ET NICOLETTE (fin du XIIe-début du XIIIe s.). Deux jeunes gens s'aiment mais tout les sépare : Aucassin est le fils du comte Garin de Beaucaire. Nicolette n'est qu'une esclave sarrasine (arabe) élevée dans la religion chrétienne. Les amants, éloignés l'un de l'autre, finiront par se retrouver grâce au courage et à l'ingéniosité de Nicolette, véritable héroïne de l'intrigue face à un Aucassin passif, mélancolique et souvent ridicule. L'auteur les fait évoluer dans un univers burlesque (voir p. 271) où les codes épiques et courtois sont constamment parodiés et tournés en dérision. Cela n'exclut pas la poésie, et ce mélange de tons et d'inspirations diverses fait tout le charme de l'œuvre.

Dans ce passage, Nicolette, emprisonnée sur l'ordre de Garin de Beaucaire, a réussi à s'échapper. Mais elle ne sait comment prévenir Aucassin. Dans sa fuite, elle rencontre des bergers.

« Il faut qu'il se mette en chasse »

Nicolette se désolait fort, comme vous l'avez entendu[1]. Elle se recommanda à Dieu et marcha tant qu'elle atteignit la forêt, où elle n'osa s'enfoncer par peur des bêtes sauvages et des serpents.
5 Elle se blottit dans un épais buisson et le sommeil la prit. Elle dormit jusqu'au lendemain. Vers huit heures, les petits bergers sortaient de la ville et poussaient leurs bêtes entre le bois et la rivière. S'écartant en direction d'une fort belle source à l'orée
10 de la forêt, ils étendirent un manteau sur lequel ils posèrent leur pain.

Tandis qu'ils mangeaient, Nicolette s'éveilla aux cris des oiseaux et des petits bergers ; elle se précipita vers eux :
15 « Chers enfants, dit-elle, que le Seigneur Dieu vous aide !

— Que Dieu vous bénisse ! répondit l'un d'eux qui parlait mieux que les autres.

---

1. Cette intervention du conteur souligne (ou imite) les conditions de la transmission orale.

— Chers enfants, reprit-elle, connaissez-vous
Aucassin, le fils du comte Garin de Beaucaire ?

— Oui, nous le connaissons bien.

— Au nom de Dieu, chers enfants, fit-elle, dites-lui qu'il y a une bête dans cette forêt et qu'il vienne la chasser : s'il peut la prendre, il n'en donnerait pas un seul de ses membres pour cent marcs[1] d'or, pas même pour cinq cents, ou pour tout l'or du monde. »

Eux, la regardant, la virent si belle qu'ils furent frappés d'étonnement[2] :

« Moi, le lui dire ? fit celui qui parlait mieux que les autres. Au diable qui jamais en parlera et jamais le lui répétera ! Pures rêveries que vos propos : il n'y a pas dans cette forêt de bête si précieuse, ni cerf, ni lion, ni sanglier, dont un des membres vaille plus de deux deniers[3] ou de trois au maximum, et vous, vous parlez d'une montagne d'or ! À tous les diables qui vous croit et qui jamais le lui répétera ! Vous êtes une fée, nous ne recherchons pas votre compagnie, passez plutôt votre chemin.

— Ah ! mes chers enfants, reprit-elle, si, vous le ferez. La bête a une telle vertu qu'elle guérira Aucassin de sa blessure. J'ai ici cinq sous dans ma bourse : tenez-les, et dites-le-lui ; avant trois jours, il faut qu'il se mette en chasse ; s'il ne la trouve pas dans ces trois jours, jamais il ne sera guéri de sa blessure.

---

1. Unité de poids : 1 marc pèse environ 250 g.
2. Au sens fort de stupeur.
3. Petite monnaie (1 livre = 20 sous ; 1 sou = 12 deniers).

> — En vérité, répondit-il, nous prendrons les deniers : s'il vient ici, nous le lui dirons, mais nous ne partirons jamais à sa recherche.
>
> — À la grâce de Dieu ! » dit-elle.

50   Elle prit alors congé des petits bergers et s'éloigna.

Aucassin et Nicolette, *fin du xııᵉ-début du xıııᵉ s.,*
XVIIIᵉ parlé, trad. J. Dufournet, éd. Garnier-Flammarion, 1984.

Guide de lecture

1. Quel décor l'auteur imagine-t-il pour cette scène ? Quelle est sa fonction ?

2. Quels sens peut-on donner à cette confrontation entre Nicolette et les bergers ? Que met en évidence leur dialogue ?

Les fabliaux
(fin du XIIᵉ-début du XIVᵉ s.)

....

Histoires pour rire. Les fabliaux connurent un très vif succès aux XIIIᵉ et XIVᵉ siècles. Le genre est assez mal défini. Le terme de « fabliau », dérivé de « fable », peut désigner au Moyen Âge toutes sortes de récits fictifs : fables animalières, petites nouvelles courtoises, etc. Toutefois, on rassemble sous cette appellation un ensemble de 150 textes environ, presque tous en vers — constitués de couplets d'octosyllabes —, qui présentent des caractéristiques communes : la brièveté, le resserrement de l'intrigue qui se déroule selon un plan simple et prévu d'avance, la présence d'une morale et le comique.

Les personnages comme les situations correspondent à des types : le mari cocu, le prêtre lubrique, la femme rusée, etc. Le ressort essentiel du récit réside le plus souvent dans la narration d'une tromperie.

Le réalisme de ces petits contes volontiers grivois, voire obscènes, est assez conventionnel. Il présente l'univers du « vilain », c'est-à-dire du rustre, paysan ou homme de basse condition, par opposition à celui de l'homme de cour. Mais il semble que tous les publics, celui de la cour comme celui de la ville, aient pris plaisir à la récitation de ces histoires courtes, si proches de la farce, qui se développera au XIVᵉ siècle (voir plus loin).

De Brunain la vache au prêtre[1]

Je conte, à propos d'un vilain[2] et sa femme, qu'un jour de fête de Notre Dame, ils allaient prier à l'église. Avant le service, le prêtre vint prêcher son sermon devant la nef[3] et il dit qu'il était bien de don-
5 ner pour l'amour de Dieu qui comprenait la justice, car Dieu rendait le double à celui qui donnait de bon cœur.

— Écoute, belle sœur[4], ce que notre prêtre promet, fait le vilain. À celui qui donne volontiers pour
10 l'amour de Dieu, Dieu le lui rend multiplié. Pour l'amour de Dieu, donc, nous ne pouvons mieux employer notre vache, si bon te semble, qu'à la donner au prêtre. De toute façon elle donne peu de lait.

— Sire[5], je veux bien qu'il l'ait pour une telle pro-
15 messe, fait la dame.

Alors, ils s'en vinrent chez eux et n'en parlèrent plus. Le vilain entre dans l'étable. Il prend sa vache par la corde et va la présenter au doyen[6]. Le prêtre est habile et avisé.
20 — Beau Sire, fait le vilain, les mains jointes. Je vous donne Bleur pour l'amour de Dieu.

Il lui a mis la corde dans la main.

---

1. La forme versifiée du fabliau n'a été conservée ici que pour la morale.
2. Le terme désigne à l'origine l'homme de la campagne.
3. Partie de l'église où se tiennent les fidèles.
4. Expression affectueuse.
5. Seigneur.
6. Chanoine (prêtre).

— Ami, c'est la sagesse même, fait le prêtre Dom Constant qui ne rêve toujours que de prendre. Va-t-en, tu as bien fait ce que tu devais. Et fassent-ils tous aussi sages[1], mes paroissiens, comme vous êtes, j'aurais des bêtes à foison.

Le vilain quitte le prêtre.

Le prêtre commanda sur-le-champ que, pour l'ap-privioiser, on fasse attacher Bleur avec Brunain, sa grande vache à lui. Le clerc[2] l'emmène dans leur jar-din. Il trouve leur vache, il me semble, Andreus les attache ensemble et puis s'en retourne et les laisse.

La vache du prêtre se baisse parce qu'elle voulait paître, mais Bleur ne le supporte pas et tire si fort sur la corde qu'elle la traîne hors du jardin. Elle l'a me-née tant par sentier sauvage, par champ de chanvre et prés, qu'elle est retournée chez elle tirant la vache du prêtre qui lui pesait beaucoup.

Le vilain regarde et voit. Il en a grande joie en son cœur.

— Ah! Belle sœur! fait le vilain. Dieu est vrai-ment un bon doubleur car il nous revient deux Bleurs. Elle amène une grande vache brune. Or, nous en avons deux pour une. Notre étable sera pe-tite.

> L'exemple dans ce fabliau dit
> qu'il est fou qui ne s'abandonne[3].
> On a des biens si Dieu les donne.

---

1. S'ils agissaient tous aussi sagement.
2. Désigne ici le jeune moine qui a reçu la tonsure.
3. Celui qui ne laisse aller son bien, qui ne le lâche pas.

50   Rien ne sert de celer, cacher.
     Nul homme ne peut prospérer
     sans grand risque, c'est là le moins.
     Par grande chance le vilain
     eut deux vaches, le prêtre nulle.
55   Tel pense avancer qui recule.

> *Explicit¹ de Brunain la vache au prêtre.*

DE BRUNAIN LA VACHE AU PRÊTRE,
trad. Nora Scott, dans Contes pour rire ?
Fabliaux des XIIIe et XIVe siècles,
éd. 10-18, 1977.

Guide de lecture
....

1. Si la cupidité carac-
térise le prêtre, quel est
le type incarné par le
vilain ? Comment
interprète-t-il le ser-
mon entendu à l'église ?
2. Par qui la morale
est-elle énoncée ? Que
suggère ce changement
d'énonciation ?
3. Pourquoi était-il
préférable de conserver
à la morale sa forme
versifiée ?

―――――――
1. Fin.

VILLEHARDOUIN
(vers 1148-1213)

LES CHRONIQUEURS. Les chroniques qui retracent la IVe croisade (1202-1204) marquent un tournant dans la conception médiévale de l'histoire : elles rapportent pour la première fois en langue romane des événements contemporains, dont les auteurs ont été témoins. Geoffroi de Villehardouin (vers 1148-1213) et Robert de Clari (vers 1170-1216) ont ainsi composé en prose française deux récits de la conquête de Constantinople.

LA CONQUÊTE DE CONSTANTINOPLE. Rédigé vers 1212, le texte de Geoffroi de Villehardouin, grand seigneur de Champagne, se signale autant par sa sobriété que par son désir de justifier l'entreprise même de la croisade. Le chroniqueur fut non seulement témoin, mais aussi acteur des événements. Croisé enthousiaste, ambassadeur éloquent auprès des Vénitiens, dont il obtient l'appui, grand capitaine, lorsqu'il prend la plume et devient écrivain, il n'a de cesse de prouver que cette croisade, détournée de Jérusalem vers Constantinople, n'en était pas moins une cause juste et sainte. La prouesse de certains croisés, comme le doge de Venise qui jouit aux yeux du chroniqueur d'un inestimable prestige, en est une preuve évidente. Geoffroi de Villehardouin se départit, pour évoquer cette manifestation de la Providence divine, de son habituelle sobriété de style.

« Or oyez un étonnant miracle »

Et le duc de Venise ne s'était pas oublié, mais il avait ordonné ses nefs et ses huissiers[1] et ses vaisseaux sur un seul front ; et ce front s'étendait sur trois portées d'arbalète environ. Et il
5   commence à s'approcher du rivage qui était au-dessous des murailles et des tours. Alors vous eussiez vu mangonneaux[2] lancer du pont des nefs et des huissiers, et carreaux[3] d'arbalète voler, et arcs tirer à coups répétés, et ceux du dedans se
10 défendre très vigoureusement du haut des murs et des tours, et les échelles des nefs approcher si fort qu'en plusieurs lieux ils s'entre-frappaient à coups d'épée et de lance ; et le tumulte était si grand qu'il semblait que terre et mer croulas-
15 sent. Et sachez que les galées[4] n'osaient prendre terre.

Or vous pourrez ouïr[5] une étonnante prouesse : le duc de Venise, qui était vieil homme et ne voyait goutte, était tout armé à l'avant de sa galée et
20 avait le gonfanon de Saint-Marc[6] par devant lui ; et il crie aux siens de le mettre à terre ou que sinon il ferait justice d'eux[7]. Et ils firent si bien que

---

1. Véhicules pour le transport des chevaux.
2. Machines de guerre projetant des pierres.
3. Projectiles tirés par une arbalète.
4. Navires de guerre.
5. Entendre.
6. Étendard de combat aux armes de Venise.
7. Il les traiterait comme ils le méritaient.

la galée prend terre ; et ils sautent dehors, et ils portent le gonfanon de Saint-Marc à terre par devant lui.

Et quand les Vénitiens voient le gonfanon de Saint-Marc à terre et la galée de leur seigneur qui avait pris terre avant eux, chacun d'eux se tient pour honni[1] et ils vont tous à terre. Et ceux des huissiers sautent dehors et vont à terre, à qui le premier, à qui mieux mieux. Alors vous eussiez vu un assaut merveilleux. Et Geoffroy de Villehardouin le maréchal de Champagne, qui composa cette œuvre, témoigne que plus de quarante lui dirent comme vérité qu'ils virent le gonfanon de Saint-Marc de Venise en l'une des tours et ne surent nullement qui l'y avait porté.

Or oyez un étonnant miracle : ceux du dedans s'enfuirent et ils abandonnent les murs ; et ceux [de l'armée] entrèrent dedans à qui le plus vite, à qui mieux mieux, si bien qu'ils s'emparent de vingt-cinq des tours et les garnissent de leurs gens. Et le duc prend un bateau et dépêche aux barons[2] de l'armée et leur fait savoir que [les Vénitiens] avaient vingt-cinq tours et qu'ils tinssent pour certain que ceux-ci[3] ne les pouvaient reperdre. Les barons en sont joyeux au point de ne pas croire que ce soit vrai. Et les Vénitiens

---

1. Déshonoré.
2. Envoie un message aux barons.
3. Les Vénitiens.

commencent à envoyer en bateaux à l'armée che-
· 50 vaux et palefrois[1], de ceux qu'ils avaient conquis
dans la ville.

La Conquête de Constantinople, *vers 1212,*
paragraphes 172 à 175, trad. E. Faral, éd. Les Belles Lettres, 1938.

Guide de lecture
....

1. Étudiez la composi-
tion de ce passage. À
quel genre particulier
rattache-t-elle cet
extrait ?

2. Quelle conception de
l'histoire et du récit
historique se manifeste
ici ?

———————————

1. Chevaux de marche et de parade, par distinction avec les chevaux de combat.

LE LANCELOT EN PROSE
(début du XIIIᵉ s.)

·······································

LANCELOT. Les romans en prose fleurissent au XIIIᵉ siècle. Ils ont tendance à s'organiser en cycles et se présentent comme de vastes sommes qui évoquent la totalité du monde arthurien. Le cycle du *Lancelot-Graal* apparaît dans les années 1225-1230 et connaît un immense succès. Constitué de plusieurs branches (épisodes), il est l'œuvre de différents auteurs, qui ont vraisemblablement travaillé en collaboration. Il est centré sur le récit de la quête du Graal. Cette coupe précieuse, apparue dans le *Perceval* de Chrétien de Troyes, devient vite un objet sacré : il s'agit d'une relique ayant recueilli un peu du sang du Christ lors de sa Passion, que le parfait chevalier chrétien doit retrouver. Elle est ainsi à l'origine d'un des plus grands mythes de la littérature médiévale.

La partie centrale du cycle, vraisemblablement composée en premier, est consacrée à Lancelot, qui s'est substitué à Perceval dans la quête du Graal. Elle raconte ses multiples aventures et surtout sa passion pour la reine Guenièvre. C'est cette passion coupable, conçue sur le modèle de l'amour courtois, qui lui interdit la conquête de l'objet sacré.

Le passage suivant se situe dans le récit des « enfances » (premiers exploits) du héros. Lancelot a été enlevé à sa mère par la Dame du Lac, qui se charge de son éducation et de celle de ses deux cousins. Sur leur demande, elle les initie aux règles de la chevalerie.

« Les chevaliers ne furent pas créés à la légère »

Eh bien, je vais décrire ces devoirs, non tous, car je ne suis pas assez habile pour m'en acquitter, mais écoutez-les bien et ensuite méditez-les de tout votre cœur et de toute votre raison : si vous désirez
5 être chevalier, vous devez auparavant éclairer votre désir par les lumières de la raison, qui fut donnée à l'homme pour porter un jugement droit avant de passer à l'action. Sachez bien que les chevaliers ne furent pas créés à la légère, ni compte tenu de leur
10 noblesse d'origine ou de leur naissance plus illustre que celle du commun, car l'humanité descend d'un père et d'une mère uniques. Mais quand l'envie et la convoitise s'accrurent dans le monde et que la force prit le dessus sur le droit, à cette époque les hommes
15 étaient encore égaux en lignage[1] et en noblesse. Mais quand les faibles ne purent plus accepter ni endurer les vexations des forts, ils établirent pour se protéger des garants et des défenseurs pour s'assurer paix et justice et pour mettre fin aux torts et aux
20 outrages dont ils étaient l'objet.

Pour assurer cette garantie, furent mis en place ceux qui de l'avis général, avaient le plus de qualités, les grands, les forts, les beaux, les agiles, les loyaux, les preux[2], les hardis, ceux qui étaient riches en res-
25 sources morales et physiques. Mais l'ordre de chevalerie ne leur fut pas conféré à la légère et comme

---

1. Parenté au sens large (ascendants et descendants). Notion fondamentale dans la société médiévale où l'individu se définit par son lignage.
2. Vaillants.

un vain titre, ils durent assumer un lourd poids de
devoirs. Savez-vous lequel ? À l'origine de l'ordre, il
fut imposé à qui voulait être chevalier et qui en
30 obtenait le privilège par légitime élection[1] d'être
courtois sans bassesse, bon sans félonie[2], pitoyable
envers les nécessiteux, généreux et toujours prêt à secourir les miséreux, à tuer les voleurs et les meurtriers, à rendre d'équitables jugements sans amour et
35 sans haine, sans faiblesse de cœur pour avantager le
tort en portant atteinte au droit, et sans haine pour
ne pas nuire au droit en faisant triompher le tort. Un
chevalier ne doit, par crainte de la mort, accomplir
aucun acte entaché d'un soupçon de honte, mais il
40 doit redouter la honte plus que la mort. La chevalerie
a pour mission essentielle de protéger la Sainte
Église, à qui il est interdit de prendre une revanche
par les armes et de rendre le mal pour le mal, et de
protéger aussi celui qui tend la joue gauche, après
45 avoir été frappé sur la droite. Et sachez qu'à l'origine,
comme en témoigne l'Écriture, personne n'avait l'au-
dace de monter sur un cheval sans être chevalier ;
d'où le nom qui leur fut donné.

LANCELOT, *vers 1220-1230,*
trad. A. Micha, éd. 10-18, 1983.

Guide de lecture

1. Comment l'origine
de la chevalerie est-elle
située dans le temps ?
2. Quelle est la fonction
essentielle du cheva-
lier ? À quelle concep-
tion de la société se
rattache-t-elle ?

---

1. Les premiers chevaliers étaient élus.
2. Perfidie.

LE ROMAN DE LA ROSE
(vers 1230-1270)

Le *Roman de la Rose* est un poème de plus de vingt-deux mille octosyllabes (vers de huit syllabes), commencé par Guillaume de Lorris vraisemblablement vers 1230 et poursuivi, dans un esprit fort différent, par Jean de Meun vers 1270.

Il connut un immense succès et constitue l'une des œuvres maîtresses du Moyen Âge.

GUILLAUME DE LORRIS.　Cet auteur de la première moitié du XIIIᵉ siècle, et dont l'identité a été mise au jour par son continuateur, raconte le songe étrange qu'il a fait cinq ans auparavant. Il s'agit d'un songe allégorique (les notions abstraites et les passions y sont personnifiées) auquel l'auteur reconnaît un caractère prophétique. Le roman propose donc une fiction autobiographique, à la recherche d'un sens caché qui ne sera jamais révélé. Ce songe transporte le lecteur dans un verger que peuplent les allégories ; le narrateur s'y éprend d'un bouton de Rose, dont il entreprend la conquête. Le récit s'arrête au moment où, ayant obtenu un baiser de la Rose, il se voit séparé de sa bien-aimée et se lamente.

JEAN DE MEUN.　Il poursuit la narration une quarantaine d'années après Guillaume de Lorris et mène à son terme la conquête de la Rose. Mais le récit de la quête amoureuse, commencé sur un mode lyrique et selon le code et l'idéal de la courtoisie, échappe à présent à la fiction autobiographique, se charge de nombreux discours théoriques et de nombreuses digressions philosophiques. Ce qui était conçu comme un « art d'amour » devient un poème encyclopédique dans lequel la fiction de l'amour courtois, traitée avec ironie et cynisme, sert de support à l'expression d'une nouvelle morale, qui enseigne la soumission aux lois de la nature.

LE ROMAN DE LA ROSE (GUILLAUME DE LORRIS, VERS 1230). Dans ce passage, le narrateur, poursuivant son exploration du verger, découvre la fontaine dans laquelle Narcisse s'est noyé en voulant saisir sa propre image dont il était tombé amoureux. Miroir merveilleux, cette fontaine reflète, en deux images complémentaires, l'ensemble du jardin.

« C'est pour mon malheur que je m'y suis miré »

À ce moment là il me plut de rester à regarder dans la fontaine et dans les cristaux, qui me montraient et faisaient apparaître cent mille choses. Mais c'est pour mon malheur que je m'y suis miré :
5 hélas ! j'en ai tant soupiré depuis lors ! Ce miroir m'a trompé : si j'avais su d'avance quelle était sa force et son pouvoir, jamais je ne me serais précipité sur elle, car immédiatement je suis tombé dans les rets[1] où maint homme a été capturé et trahi.

---

1. Filets.

10   Dans le miroir, entre mille autres choses, j'aperçus
des rosiers chargés de roses qui se trouvaient en un
lieu retiré, complètement entourés et enfermés par
une haie, et une envie si grande me prit alors, que je
n'aurais renoncé ni pour Pavie[1] ni pour Paris d'y al-
15   ler, à l'endroit où je voyais le massif le plus important.

Quant cette rage dont maint autre homme a été
saisi me fut tombée dessus, je me suis aussitôt dirigé
vers le rosier, et sachez bien que, lorsque je fus près,
le parfum suave de la rose me pénétra jusqu'aux en-
20   trailles au point que, même si j'avais été embaumé,
ce n'eût été rien à côté. Et si je n'avais craint d'être
agressé et maltraité, j'en aurais cueilli au moins une,
que j'aurais tenue dans ma main, pour en sentir le
parfum ; mais j'eus peur d'avoir à m'en repentir car
25   la chose aurait facilement pu être désagréable au seigneur du verger.

Des roses, il y en avait une grande masse : il n'y
avait de plus bel amas sous le ciel ; il y avait des petits boutons fermés, et d'autres un peu plus gros, et
30   il y en avait encore d'une autre taille qui arrivaient à
maturité et étaient prêts à s'épanouir : ces derniers
ne sont pas à mépriser. Les roses largement ouvertes
se sont toutes fanées en un jour tandis que les boutons restèrent frais au moins deux jours ou trois. Ces
35   boutons me plurent beaucoup : mes yeux n'en
avaient jamais vu d'aussi beaux. Celui qui pourrait
s'emparer de l'un d'eux, il devrait le chérir beau-

---

1. Importante ville d'Italie.

coup : si j'avais pu m'en faire une couronne, je l'aurais aimée plus qu'aucun trésor. Parmi les boutons
40 j'en choisis un d'une très grande beauté : en comparaison, je n'accordai aucun prix à tous les autres, à
partir du moment où je l'eus bien regardé, car une
couleur l'illumine qui est la plus extraordinaire et la
plus parfaite que Nature pouvait faire.

LE ROMAN DE LA ROSE, *vers 1230,*
v. 1 600 à 1 658, trad. en prose par A. Strubel, éd. Le Livre de Poche,
coll. « Lettres gothiques », 1992.

Guide de lecture

1. Comment le narra-
teur explique-t-il la
naissance de l'amour ?
Quelles sont les étapes
de cette naissance ?

2. Quel intérêt pré-
sente ici la fiction du
récit autobiographique ?
3. Comment le bouton
de rose est-il décrit ?

LE ROMAN DE LA ROSE (JEAN DE MEUN, VERS 1270). Dans
l'extrait de la page suivante, Amour en personne a décidé de venir en aide à Guillaume, et par la même occasion à Jean de Meun, en renversant le château de
Jalousie dans lequel est emprisonnée la Rose. Il rassemble ses troupes et les exhorte au combat en leur
montrant que la victoire est nécessaire pour que le
continuateur, dont il annonce la naissance, puisse pa-
rachever l'œuvre entreprise et chanter au monde entier les bienfaits de l'amour.

« Le Miroir des Amoureux »

E t parce qu'il pourrait bien se produire que ce
Jean qui est à naître en soit éventuellement em-
pêché — ce serait un deuil, un péché et un grand
dommage pour les amoureux, car il leur fera beau-
5 coup de bien —, je prie la déesse de l'enfantement
Lucina d'accorder qu'il naisse sans mal et sans encombre, de telle façon qu'il puisse vivre longtemps.
Et quand par la suite il en viendra au point que Jupiter le conservera en vie [...] et qu'il sera mis au ber-
10 ceau, eh bien, parce qu'il sera à ce point mon ami, je
l'affublerai de mes ailes et je lui chanterai des chansons telles qu'une fois sorti de l'enfance et instruit
de ma science, il fera résonner nos paroles aux carre-
fours et dans les écoles, selon le doux langage de
15 France, à travers tout le royaume, à haute voix, si
bien que jamais ceux qui l'entendront ne mourront
des douces peines d'amour, pourvu, seulement,
qu'ils le croient. De cette manière, en effet, il en en-
seignera tant, avec les termes propres, que toutes les
20 générations à venir devraient appeler ce livre le Miroir des Amoureux[1], tellement ils y verront de biens
pour eux, à condition de ne pas croire ce qu'y dit
Raison, la misérable, qui est vaincue. C'est pourquoi
je veux ici solliciter vos conseils car tous, vous êtes
25 mes conseillers. Aussi je vous en supplie, les mains
jointes : ce pauvre malheureux de Guillaume, qui

---

1. Le terme de « Miroir » désigne un ouvrage qui expose l'ensemble des
connaissances dans un domaine donné. L'œuvre de Jean de Meun propose
en effet des discours très divers sur l'amour.

s'est si bien conduit envers moi, doit être secouru et réconforté ; et si ce n'est pas pour lui que je faisais ma prière, assurément je devrais vous prier, au
30 moins pour alléger la tâche de Jean, afin qu'il écrive plus facilement son livre, de lui faire cette faveur — car il naîtra, c'est une prophétie que je fais — et pour les autres qui viendront par après et qui s'appliqueront dévotement à suivre mes commandements,
35 qu'ils trouveront consignés dans son livre, de telle manière qu'ils puissent triompher des machinations et de la haine de Jalousie et mettre en pièce tous les châteaux qu'elle osera dresser.

Le Roman de la Rose, vers 1270,
vers 10 621 à 10 633 et 10 639 à 10 678, trad. en prose par
A. Strubel, éd. Le Livre de Poche, coll. « Lettres gothiques », 1992.

Guide de lecture

1. **Comment l'œuvre du continuateur est-elle conçue ?**
2. **Sur quel ton se fait la prophétie ?**

3. **Quelle conception de l'amour transparaît ici ? Quelle valeur tire-t-elle du fait que ce soit Amour qui l'exprime ?**

RUTEBEUF
(seconde moitié du XIIIe s.)

UN NOUVEAU LYRISME. Ce poète d'origine champe-
noise composa, entre 1250 et 1285, date supposée de
sa mort, une œuvre très variée. Elle comprend de nombreux poèmes, souvent écrits sur commande, et une
importante pièce théâtrale, *le Miracle de Théophile*
(1262). La production poétique de Rutebeuf en fait l'un
des grands représentants de la mutation que connaît la
poésie au XIIIe siècle. Centrée sur le thème de la misère
matérielle et morale du jongleur, elle est essentiellement
composée de « dits », poèmes à la fois lyriques (au sens
où s'y expriment la voix et les sentiments du poète) et
narratifs. À travers cette forme hybride, le poète peut à
la fois se mettre en scène lui-même et prendre parti
dans les grands débats qui agitent son époque (les
débats religieux tout particulièrement).

La poésie de Rutebeuf manifeste donc un nouveau
lyrisme qui associe poésie religieuse, satirique et morale,
et qui donne à une œuvre en apparence composite sa
véritable cohérence. Elle nourrit par là même l'illusion
d'une poésie autobiographique, de telle sorte qu'on a pu
considérer Rutebeuf comme le premier représentant
d'une poésie personnelle. L'image d'un Rutebeuf miséreux, dépravé par son goût pour le jeu, accablé enfin par
les vicissitudes de la vie, revient en effet avec insistance
dans son œuvre. Mais elle correspond moins à la peinture d'un moi réel qu'à la théâtralisation de la figure du
poète. Celui-ci est représenté sous des traits humbles et

dérisoires qui traduisent et cherchent à apaiser une profonde inquiétude spirituelle liée à la condition de jongleur.

La Complainte de Rutebeuf sur son œil. Ce poème, composé en 1261 ou 1262 est l'un des plus connus ; il reprend le thème de la misère du poète et dresse la liste des calamités qui se sont abattues sur lui.

« Ce sont amis que vent emporte »

Inutile que je vous raconte
comment j'ai sombré dans la honte :
vous connaissez déjà l'histoire,
de quelle façon
5   j'ai récemment pris femme,
une femme sans charme et sans beauté.
Ce fut la source de mes maux
qui ont duré plus d'une semaine,
car ils ont commencé avec la pleine lune[1].
10   Écoutez donc,
vous qui me demandez des vers,
quels avantages j'ai tirés
du mariage.
Je n'ai plus rien à mettre en gage ni à vendre :
15   j'ai dû faire face à tant de choses,
eu tant à faire,

---

1. Période considérée comme néfaste.

tant de soucis et de contrariétés
que vous le raconter
serait trop long
20   Dieu a fait de moi un autre Job[1] :
il m'a pris d'un coup
tout ce que j'avais. [...][2]
Un malheur n'arrive jamais seul ;
tout cela devait m'arriver :
25   c'est fait.
Que sont devenus mes amis
qui m'étaient si proches,
que j'aimais tant ?
Je crois bien qu'ils sont clairsemés ;
30   ils n'ont pas eu assez d'engrais :
les voilà disparus.
Ces amis-là ne m'ont pas bien traité :
jamais, aussi longtemps que Dieu multipliait
mes épreuves,
35   il n'en est venu un seul chez moi.
Je crois que le vent me les a enlevés,
l'amitié est morte ;
ce sont amis que vent emporte,
et il ventait devant ma porte :
40   il les a emportés [...].

LA COMPLAINTE DE RUTEBEUF SUR SON ŒIL, *vers 1261-1262,*
vers 1 à 22 et 107 à 124, trad. M. Zink,
dans Œuvres complètes, t. I,
coll. « Classiques Garnier », Bordas, 1989.

---

1. Personnage biblique : Job vivait dans l'abondance et dans la piété. Dieu permit à Satan d'éprouver sa fidélité. Accablé de malheurs, Job conserve pourtant sa foi.

2. Suit l'évocation d'autres malheurs : la cécité, la misère...

Guide de lecture

1. **Quels procédés assurent la théâtralisation de la confidence ?**

2. **Comment la déploration est-elle liée au thème religieux ?**

3. **Étudiez les métaphores qui expriment la perte des amis.**

ADAM DE LA HALLE
(seconde moitié du XIIIᵉ s.)
....

Connu aussi sous le nom d'Adam le Bossu, Adam de la Halle a vécu dans le milieu arrageois (autour d'Arras) dans la seconde moitié du XIIIᵉ siècle. Le peu de renseignements concernant sa vie vient de ses œuvres elles-mêmes et est donc sujet à caution. Poète lyrique, musicien renommé, il est surtout célèbre pour son œuvre théâtrale extrêmement novatrice et qui se résume à deux pièces : le *Jeu de la feuillée* et le *Jeu de Robin et Marion*.

LE JEU DE LA FEUILLÉE.   Vraisemblablement représenté à Arras, pour les fêtes de la Saint-Jean, en 1276 ou 1277, le *Jeu de la feuillée* constitue la première pièce profane en langue française, composée pour l'essentiel en octosyllabes à rimes plates (vers de huit syllabes dont les rimes se succèdent deux à deux). L'œuvre se signale par sa complexité. L'action, qui se situe à Arras, semble n'être au départ que le prolongement dramatique d'un congé (œuvre dans laquelle un auteur obligé de quitter sa ville prend congé de ses amis) écrit quelques années plus tôt : Adam s'y met lui-même en scène sous les traits du clerc qui souhaite fuir Arras où le retient un mariage décevant, pour poursuivre ses études à Paris. Enrichie d'une satire sociale qui dénonce la gloutonnerie et l'avarice des bourgeois de la ville, de la représentation d'un banquet des fées, d'un défilé de fous et d'une scène de beuverie dans la taverne, la pièce s'organise autour du thème de la folie.

« Enfin je m'en vais à Paris »

ADAM.   Seigneurs, savez-vous pourquoi j'ai changé
d'habit ? J'étais marié, je retourne au clergé. Je réalise-
rai ainsi ce que je rêve depuis longtemps. Mais auparavant, je veux prendre congé de vous tous.
5   Maintenant mes amis ne pourront pas dire que je me
suis vanté pour rien d'aller à Paris. On peut sortir
d'enchantement[1] ; après la maladie revient la santé.
D'ailleurs je n'ai pas ici perdu mon temps ; je l'ai employé à aimer loyalement : on voit bien encore aux
10   tessons ce que fut le pot. Enfin je m'en vais à Paris.

RIQUIER.   Qu'y feras-tu mon pauvre ? Jamais bon
clerc n'est sorti d'Arras, et tu voudrais que ce fût toi !
Ce serait grande illusion.

ADAM.   Riquier Amion n'est-il pas bon clerc et ha-
15   bile à tenir un livre ?

HANE.   Oui : « à deux deniers la livre[2] », je ne vois
pas qu'il sache autre chose. Mais personne n'ose
vous reprendre, tant vous avez la tête vive.

RIQUIER.   Pensez-vous, beau doux ami, qu'il aille au
20   bout de son propos ?

ADAM.   Tout le monde méprise mes paroles, à ce que
je vois, et en fait fi[3]. Mais puisque je suis poussé par la
nécessité et qu'il ne faut compter que sur moi, le sé-

---

1. Au sens de sortilège.

2. Jeu de mots sur les différents sens de « livre », ouvrage, livre de
comptes, la livre (monnaie). Les livres (registres) que tient Riquier lui
rapportent deux deniers, c'est-à-dire presque rien (1 livre = 20 sous ; 1 sou
= 12 deniers).

3. Les dédaigne.

jour d'Arras et ses plaisirs ne me sont pas si chers que
25 je doive leur sacrifier la science. Puisque Dieu m'a
donné l'intelligence, il est temps de la tourner vers le
bien. J'ai assez vidé ma bourse ici.

GILLOT.   Et que deviendra la payse, dame Marie, ma
commère[4] ?

30 ADAM.   Beau sire, elle restera ici avec mon père...

GILLOT.   Maître, vous ne pouvez vous en aller ainsi.
Car lorsque la sainte Église a uni un couple, c'est pour
toujours. Il faut réfléchir avant de se décider.

ADAM.   Par ma foi, tu parles sans savoir ; il est facile
35 de dire : « suis bien la ligne tracée ». Qui s'en serait
gardé au commencement ? Amour me surprit à ce
moment où l'amant se blesse deux fois s'il veut se
défendre contre lui ; car je fus pris quand le sang
commence à bouillonner, juste en la verte saison et
40 dans l'âpreté de la jeunesse, où la chose a plus grande
saveur, où nul ne cherche son bien, mais ce qui lui
plaît. L'été brillait, beau, doux et vert et clair et joli,
délectable en chants d'oisillons ; dans un haut bois,
près d'une source qui courait sur du sable scintillant,
45 m'apparut celle que j'ai maintenant pour femme, qui
maintenant me semble pâle et sans fraîcheur ; elle
était alors blanche et vermeille, rieuse, amoureuse et
svelte ; maintenant je la vois grosse et mal faite, triste
et querelleuse.

LE JEU DE LA FEUILLÉE, *1276-1277*,
*v. 1 à 74, trad. J. Frappier et A.-M. Gossart, dans Théâtre comique
au Moyen Âge, coll. « Nouveaux Classiques », éd. Larousse, 1972.*

---

1. Terme d'amitié, comme le masculin « compère ».

Guide de lecture

1. Sur quel ton le personnage de l'écrivain est-il présenté ?

2. Étudiez les différents aspects du thème de la désillusion.

La littérature des jongleurs et des chevaliers

Le récit épique

L a chanson de geste se définit certes par un contenu particulier, mais aussi par un type de narration bien différent de celui du roman qu'il est malheureusement impossible de restituer pleinement dans la traduction. Le récit est divisé en laisses. Dans la poésie médiévale, la laisse désigne un ensemble textuel de longueur variable. Dans la chanson de geste, elle se caractérise non seulement par son unité mais aussi par son autonomie. L'unité est assurée par les assonances (répétitions en fin de vers de la même voyelle tonique, c'est-à-dire accentuée), qui deviendront des rimes au XIIIᵉ siècle, par la cadence mélodique (phrase musicale particulière qui signale la fin de la laisse) et par la matière narrative propre à chacune.

La laisse devient ainsi autonome : elle est un élément détachable au sein de la chanson, ce qui permet à la composition d'ensemble de jouer sur des effets de répétition ou de rupture. Ces effets sont soulignés par différents types d'enchaînement de laisses : le procédé des « laisses parallèles », qui consiste à reprendre une même fraction de récit d'une laisse à l'autre, mais en faisant varier les points de vue : ou encore celui des « laisses enchaînées », qui se traduit par la reprise en début de laisse du dernier vers de la laisse précédente. La linéarité du récit semble donc moins importante que le rythme particulier ainsi créé, ce qui est une des caractéristiques essentielles du genre.

Le goût pour la répétition se retrouve, à une autre échelle, dans ce que l'on a appelé le « style formulaire ». Le récit épique est en effet ponctué par le retour de certaines formules et de certains motifs. La phrase « Hauts sont les monts et les vals ténébreux », qui revient plusieurs fois dans la *Chanson de Roland*, est un exemple célèbre de ce type de formule. Quant aux motifs, on retrouve fréquemment dans les chansons de geste ceux de l'armement du chevalier, du combat ou encore de la « prière de plus grand péril » (prière par laquelle le chevalier se recommande à Dieu dans un moment particulièrement difficile). Le recours à de tels procédés peut s'expliquer par les nécessités de la récitation orale. Il favorise en effet la mémorisation, celle du jongleur comme celle du public, et éventuellement l'improvisation : le motif constitue une sorte de canevas narratif sur lequel le jongleur peut broder. Toutefois, ces marques formelles ont été soigneusement reprises dans les textes et elles semblent plutôt devoir être rattachées à ce qui fait la motivation profonde du genre : inviter le public à participer à une espèce de rite au cours duquel toute une communauté se reconnaît dans les mêmes valeurs. Multiplier les rappels et les reprises, restituer, même à l'écrit, les marques de l'oralité, créer, par la répétition des assonances, des unités facilement repérables et identifiables sont autant de procédés qui caractérisent l'esthétique de la chanson de geste et qui semblent converger vers ce même but. Ils rappellent par là même l'importance de la fonction sociale de la littérature médiévale.

L'amour courtois

La *fin'amor* des troubadours a rapidement dépassé le cadre de la poésie lyrique dans lequel elle a vu le jour. Située au centre de l'idéal de vie que représente la courtoisie, elle fait de l'amour une des grandes aventures, sinon la grande aventure du chevalier des romans. Cette nouvelle conception de l'amour n'émane pas d'une doctrine préétablie. Elle se constitue à travers l'ensemble des textes qui l'évoquent. Elle présente toutefois des caractéristiques générales qui en définissent l'esprit et déterminent une sorte de code. Pour l'amant courtois, aimer c'est désirer. Or le désir, qui tend vers l'assouvissement, doit être inassouvi pour perdurer. Voici la contradiction qui nourrit la lyrique courtoise et l'intrigue des romans.

Cette contradiction s'exprime chez les poètes par un sentiment particulier, « le joi » (différent de la joie), mélange de tristesse et de plaisir, qui n'a pas d'équivalent dans la langue moderne. Elle impose par ailleurs certaines caractéristiques à la relation amoureuse. La femme, objet du désir, doit être lointaine, difficilement accessible. Cette distance peut prendre toutes les formes : l'éloignement (à la fois concret et symbolique comme dans le poème de Jaufré Rudel), l'évocation par le rêve, mais aussi une condition sociale élevée (Lancelot aime la reine) et le fait que la femme aimée soit mariée : l'amour courtois est un amour adultère et secret.

La distance ainsi créée maintient le désir, lui permet de s'exprimer tout en invitant l'amant au plus haut accomplissement de soi-même : pour gagner l'amour de sa dame, il doit s'illustrer par ses prouesses. Entre le désir et son assouvissement s'interpose ainsi tout un code destiné à sublimer la relation amoureuse et à en faire l'expression de la plus parfaite chevalerie. Ce code courtois est d'ailleurs calqué sur le code féodal et la relation de l'amant à la dame présente bien des ressemblances avec celle du vassal à son suzerain (le vocabulaire en témoigne : voir l'extrait de *Tristan et Yseut* p. 44). L'amour courtois génère ainsi une morale, essentiellement laïque (par opposition à une morale religieuse).

Les limites et les écueils d'une telle conception de l'amour ont rapidement trouvé leur expression dans la littérature. La mise à distance de la femme aimée peut être une menace aussi bien pour l'amour que pour la poésie. La lyrique courtoise court le risque de s'exprimer à travers un code trop subtil et trop figé ; l'amant quant à lui peut se perdre dans la fascination qu'il éprouve pour son propre désir. C'est peut-être ce que suggère déjà Guillaume de Lorris, qui tombe amoureux de la Rose en se mirant dans la fontaine de Narcisse. C'est sans aucun doute la leçon qui se dégage de l'œuvre de son continuateur Jean de Meun.

La *fin'amor* et la morale qui la sous-tend entrent par ailleurs en conflit avec la morale chrétienne. L'amour, a fortiori l'amour adultère, détourne le chevalier de Dieu. Le grand cycle romanesque du XIIIe siècle, le *Lancelot-Graal*, nous montre le chevalier partagé entre sa foi et son amour : Lancelot, malgré toute sa valeur, ne pourra pas conquérir le Graal. Son amour pour la reine Guenièvre le condamne aux yeux de Dieu.

L'amour courtois n'échappera pas non plus à la parodie et à la satire. S'il constitue une inépuisable réserve d'inspiration pour la littérature des XIIe et XIIIe siècles, il le doit en grande partie à ses propres contradictions, source de renouvellements mais aussi de conflits.

Les mutations

Les mutations

L'écrivain et son œuvre

L e statut des auteurs se transforme progressivement, et avec lui, celui de l'œuvre. Les écrivains restent attachés à un protecteur, grand prince, mécène, pour lequel ils travaillent et dont ils dépendent. Les poètes rhétoriqueurs (voir p. 113) seront toutefois les premiers, à la fin du XVᵉ siècle, à jouir d'un statut quasi professionnel. Mais la conception de l'œuvre évolue.

La littérature s'affirme de plus en plus comme une manifestation écrite. L'écrivain, et surtout le poète, est à la fois plus conscient de son art et plus soucieux de léguer à la postérité une œuvre authentique et cohérente. Nombreux sont ceux qui signent leurs ouvrages. Certains, comme Charles d'Orléans, établissent eux-mêmes leurs manuscrits. D'autres, comme Guillaume de Machaut, réunissent l'ensemble de leur production, lui donnent une unité et lui imposent un ordre.

L'apparition de l'imprimerie, dans les années 1470, ne peut qu'accélérer cette tendance à la suprématie de l'écrit et favoriser l'attention portée au texte. Les œuvres de la fin du siècle seront rapidement livrées à l'impression. Celle de Villon, par exemple, est publiée dès 1489.

La diversité des centres culturels

L a fin du Moyen Âge est marquée par des troubles politiques et dynastiques qui favorisent l'éclatement des lieux de l'activité littéraire. Les grandes cours s'affirment, dans leur diversité, comme autant de centres d'où rayonne la production artistique.

Sous le règne de Charles V (1364-1380), la cour de France jouit d'un prestige considérable. Paris possède une des plus brillantes universités, la Sorbonne, et s'illustre surtout dans la production d'une littérature didactique, philosophique et morale. Mais son rayonnement s'estompe avec le règne de Charles VI (1380-1422). Ce sont alors les cours de province, les grandes cours princières, qui affirment leur suprématie.

Au premier chef, la cour de Bourgogne, extrêmement puissante, connaît, pendant le règne du duc de Bourgogne Philippe le Bon (1419-1467), une activité artistique prestigieuse. Celle-ci est caractérisée par un retour aux valeurs de la chevalerie et à la littérature courtoise. La création de l'ordre de la Toison d'or, conçu sur le modèle du roi Arthur et des chevaliers de la Table ronde, est tout à fait représentative de l'esprit qui domine cette cour. Pendant la même période, la cour d'Orléans est elle aussi très active. Charles d'Orléans, lui-même grand poète, fait de Blois, où il termine sa vie, un lieu important de la production poétique du xvᵉ siècle. Enfin, les cours d'Avignon et d'Anjou, par leurs contacts divers avec l'Italie (René Iᵉʳ, duc d'Anjou, est roi de Naples de 1438 à 1442, et Avignon est le siège de la cour pontificale), sont les premières à s'ouvrir aux influences de la Renaissance italienne (voir p. 124).

L'essor du théâtre

L es formes théâtrales s'épanouissent à la fin du Moyen Âge. Il faut savoir toutefois que la conception médiévale du théâtre est assez éloignée d'une conception moderne. La frontière avec d'autres genres est d'abord beaucoup moins nette. Une part importante de la littérature joue sur des effets de théâtralité : c'est le cas du fabliau (voir p. 22 et p. 51) mais aussi du dit, poème non chanté, de forme très souple, dans lequel le poète peut évoquer sa propre vie et aborder les sujets les plus variés. D'autre part, les conditions de la représentation sont très particulières.

Le théâtre religieux se développe et, en particulier, le genre du miracle auquel l'auteur arrageois Jean Bodel (*Jeu de saint Nicolas*, vers 1200) et Rutebeuf (*le Miracle de Théophile*, 1262) avaient ouvert la voie au siècle précédent. On y traite d'un miracle particulier accompli, du haut du ciel, par un saint ou par la Vierge. Le mystère connaît lui aussi, surtout au xvᵉ siècle, un vif succès. C'est cette fois la vie entière d'un saint qui est mise en scène, la totalité d'un livre ou d'un épisode biblique. Les mystères de la Passion qui racontent l'histoire du Christ sont particulièrement nombreux. « Le Mystère de la Passion » d'Arras (1420) composé par Eustache Mercadé ou celui d'Arnoul Gréban (1452) élèvent le genre jusqu'à une méditation sur le destin de l'humanité et sur son salut. Aux frontières de ce théâtre religieux se situe la moralité, genre didactique (qui cherche à instruire) qui traite également, sous une forme allégorique, des sujets de morale et de politique.

Le théâtre comique connaît un développement parallèle. La sottie et la farce en sont les deux genres principaux. La première relève d'une inspiration satirique et voit le jour dans le monde des écoles urbaines. Elle propose la vision d'un monde renversé dans lequel ce sont les sots qui ont la parole. Leurs propos insensés sont supposés délivrer une vérité cachée, inaccessible à la raison. Quant à la farce, elle représente, comme le fabliau, des personnages typés. Le ressort essentiel du comique réside ici dans le retournement des situations. *La Farce de maître Pathelin*, composée entre 1456 et 1469, peut être considérée comme le chef-d'œuvre du genre.

Ces différents types de spectacles étaient représentés dans les villes. Ils pouvaient être organisés par la ville elle-même ou par un mécène. Mais ils sont le plus souvent le fait des confré-

ries : des associations pieuses, liées aux corpora-
tions de la ville et placées sous la protection d'un
saint patron, donnent un spectacle, miracle ou
mystère, à l'occasion de leur fête annuelle ; mais
aussi des confréries joyeuses de jeunes gens,
comme celles des Enfants sans souci de Paris ou
des Cornards de Rouen, organisent sotties et
farces. Une même représentation associe différents genres. Le spectacle est souvent composé
d'un mystère, d'une moralité et d'une farce. Il
rassemble la communauté urbaine pendant toute
une journée, parfois même pendant plusieurs
jours. Les formes de ce théâtre, ses conditions de
représentation, loin de disparaître avec le Moyen
Âge, se prolongent au XVIᵉ siècle.

Les genres poétiques à forme fixe

L e XIVᵉ siècle voit la codification de formes
poétiques déjà pratiquées, de façon assez
libre, aux siècles précédents, et tout particulièrement celle de la ballade et du rondeau. La
ballade se définit progressivement comme une
pièce de trois strophes, composées sur les mêmes
rimes, auxquelles s'ajoute un envoi, ou strophe
plus courte, dans lequel le poète s'adresse au
destinataire. Chaque strophe s'achève sur un
vers qui constitue le refrain (voir p. 112). Quant
au rondeau, il se caractérise par sa brièveté et
par l'alternance des couplets et d'un refrain
(voir p. 112).

GUILLAUME DE MACHAUT
(vers 1300-1377)

....

POÈTE ET MUSICIEN. Guillaume de Machaut fut à la fois un grand poète, sans doute le plus important du xive siècle, et un grand musicien. D'extraction modeste, ce clerc lettré passa la majeure partie de sa vie au service de grands princes, illustrant ainsi l'importance que revêt, à la fin du Moyen Âge, le mécénat princier. Il fut, en particulier, secrétaire de Jean de Luxembourg, roi de Bohême, qu'il accompagna dans ses nombreux voyages en Europe, et grâce auquel il obtint diverses charges ecclésiastiques. Celle qui le fit chanoine de Reims en 1337 semble l'avoir fixé dans cette ville jusqu'à sa mort.

ŒUVRES. L'œuvre littéraire de Guillaume de Machaut se compose essentiellement de poésies lyriques d'inspiration courtoise et de « dits » (voir p. 110). Dans ces deux domaines, le poète innove, théorise, ce qui est nouveau, et ouvre la voie à une riche descendance. Il contribue à faire de la poésie une forme d'expression autonome, en inventant ou en définissant avec précision des formes fixes, celles du rondeau, de la ballade et du virelai (voir p. 112) essentiellement. Il enrichit et transforme par ailleurs la forme du « dit » avec des œuvres magistrales comme le *Dit du lion* (1342), le *Comfort d'Ami* (1357), *la Fontaine amoureuse* (vers 1361), enfin et surtout le *Voir dit* (« Dit véridique », 1364). Il compose à la fin de sa vie un prologue qui doit précéder toute sa production recueillie en un seul volume, manifestant ainsi un souci nouveau : celui de l'unité de l'œuvre poétique, dont il aura contribué à affirmer et à promouvoir la dignité.

Voici, dans sa langue et dans son orthographe originales, une ballade dans laquelle Guillaume de Machaut reprend le thème courtois de la dame cruelle et inaccessible. Commencez par la lire à haute voix.

« Quant a ma dame merci quier »

Phyton[1], le merveilleus[2] serpent
Que Phebus de sa flesche occit[3]
Avoit[4] la longueur d'un erpent[5],
Si com[6] Ovides le descrit.
5   Mais onques homs[7] serpent ne vit
Si fel, si crueus ne si fier[8]
Com le serpent qui m'escondit[9],
Quant a ma dame merci quier[10].

---

1. Dans la légende antique, le serpent Python gardait l'antre où Gê, divinité de la Terre, rendait les oracles. Il fut tué par Apollon (Phébus).

2. Monstrueux.

3. Tua.

4. Avait.

5. Arpent.

6. Tout comme.

7. Jamais homme.

8. Si perfide, si cruel, ni si farouche.

9. M'éconduit.

10. Je demande grâce. Merci appartient au vocabulaire courtois : le « don de merci » est le plus grand bien que l'amant puisse obtenir de sa dame.

Il ha sept chiés[1], et vraiement,
10 Chascuns à son tour contredit[2]
La grace, ou mon vray desir tent,
Dont mon cuers an doleur languit :
Ce sont Refus, Desdaing, Despit,
Honte, Paour[3], Durté, Dangier,
15 Qui me blessent en l'esperit,
Quant a ma dame merci quier.

Si ne puis durer[4] longuement,
Car ma tres douce dame rit
Et prend deduit[5] en mon tourment
20 Et es meschiés ou mes cuers vit[6].
Ce[7] me destruit, ce me murdrit[8],
Ce me fait plaindre et larmoier,
Ce me partue et desconfit[9],
Quant a ma dame merci quier.

BALLADE, *extrait de Poésie lyrique au Moyen Âge, coll. « Nouveaux Classiques », éd. Larousse, 1975.*

Guide de lecture

1. Étudiez la forme de la ballade : versification, effet produit par le retour du refrain.

2. En quoi cette langue vous paraît-elle éloignée du français moderne ?

---

1. Il a sept têtes.
2. Combat.
3. Peur.
4. Aussi je ne puis vivre.
5. Plaisir.
6. Et dans le malheur où mon cœur vit.
7. Cela.
8. Meurtrit.
9. Cela m'achève et m'anéantit.

CHRISTINE DE PISAN
(1364-1431)

LA PREMIÈRE FEMME DE LETTRES.   Christine de Pisan peut être considérée comme la première femme de lettres professionnelle de la littérature française. Née à Venise en 1364, elle rejoint rapidement son père Thomas Pizzano, grand astrologue et médecin italien, à Paris, où celui-ci est entré au service de Charles V. Elle a la chance de recevoir une solide éducation. Veuve à vingt-cinq ans, ayant la charge de trois enfants, Christine de Pisan surmonte les difficultés d'une situation matérielle et sentimentale précaire : elle se consacre à l'étude, et parvient à vivre de sa plume. Son talent lui vaudra la protection de grands princes tels que le duc de Bourgogne Philippe le Hardi, ou Louis d'Orléans, le père du poète Charles d'Orléans.

Son œuvre est abondante et variée. Constituée de textes en prose et en vers, elle rassemble des pièces lyriques (voir p. 271), comme *Cent Ballades d'amant et de dame*, 1394-1410, des dits (voir p. 110), comme l'*Épître au dieu d'amour* de 1399 qui est une attaque en règle contre le *Roman de la Rose*, et des ouvrages de réflexion plus philosophique (*Livre de la mutation de Fortune*, 1403, en vers, ou *Livre du corps de Policie*, 1408, en prose). Mais, quelle que soit la diversité des thèmes et des formes qu'elle aborde, Christine de Pisan a pour souci constant de défendre le statut de la femme. Son œuvre est à la fois un plaidoyer pour ce sexe que la littérature et la culture des clercs ne cessent de déprécier, et une démonstration par l'exemple du fait qu'une femme peut accéder au savoir, et mieux encore à la sagesse.

LES CENT BALLADES SUR DIVERS SUJETS (1399-1402).   Certaines des pièces du premier recueil lyrique de Christine de Pisan évoquent les souffrances de son veuvage. Voici la plus connue.

« Seulete sui »

Seulete suy et seulete vueil estre,
Seulete m'a don doulz ami laissiée,
Seulete suy, sanz compaignon ne maistre,
Seulete suy, dolente et courrouciée[1],
5   Seulete suy en languour mesaisiée[2],
Seulete suy plus que nulle esgarée,
Seulete suy sanz ami demourée.

Seulete suy a huis[3] ou a fenestre,
Seulete suy en un anglet muciée[4],
10   Seulete suy pour moy de plours repaistre,
Seulete suy, dolente ou apaisiée,
Seulete suy, riens n'est qui tant me siée[5],
Seulete suy en ma chambre enserrée,
Seulete suy sanz ami demourée.

---

1. Affligée.
2. Malheureuse.
3. Porte.
4. Cachée dans un petit coin.
5. Plaît.

15 Seulete suy partout et en tout estre[1],
Seulete suy, ou je voise ou je siée[2],
Seulete suy plus qu'autre riens[3] terrestre,
Seulete suy de chascun delaissiée,
Seulete suy durement abaissiée,
20 Seulete suy souvent toute esplourée,
Seulete suy sanz ami demourée.

Princes, or est ma doulour commenciée :
Seulete suy de tout'dueil[4] menaciée,
Seulete suy plus tainte que morée[5],
25 Seulete suy sanz ami demourée.

LES CENT BALLADES SUR DIVERS SUJETS, 1399-1402,
ballade XI.

_____

1. En toute circonstance.
2. Que je marche ou que je reste assise.
3. Chose.
4. Chagrin.
5. Plus sombre que noire.

Guide de lecture
··

1. Quels sont les procédés auxquels l'auteur a recours pour exprimer la souffrance ?

2. À travers quelles situations la solitude est-elle évoquée ?

LA CITÉ DES DAMES (1405). Les plus grands auteurs ont médit des femmes et les ont considérées comme des être vils et nuisibles. Est-il possible qu'ils se soient

trompés ? Telle est la question sur laquelle s'ouvre le
Livre de la cité des dames. Trois allégories, Raison, Droi-
ture et Justice, viennent rassurer Christine de Pisan
dans son étude, et rétablir la vérité : elles dressent la
liste des femmes illustres de l'histoire. Chacune d'elles
représente une pierre symbolique de la cité des dames.
Au tout début de l'ouvrage, avant l'apparition des allégories, Christine de Pisan connaît un moment de doute
et d'angoisse.

« Comme si la Nature avait enfanté des monstres »

R etournant attentivement ces choses dans mon
esprit, je me mis à réfléchir sur ma conduite,
moi qui suis née femme ; je pensais aussi aux nombreuses autres femmes que j'ai pu fréquenter, tant
5   princesses et grandes dames que femmes de
moyenne et petite condition, qui ont bien voulu
me confier leurs pensées secrètes et intimes ; je
cherchais à déterminer en mon âme et conscience si
le témoignage réuni de tant d'hommes illustres
10 pouvait être erroné. Mais j'eus beau tourner et
retourner ces choses, les passer au crible, les éplu-
cher, je ne pouvais ni comprendre ni admettre le
bien-fondé de leur jugement sur la nature et la
conduite des femmes. Je m'obstinais par ailleurs à
15 accuser celles-ci, me disant qu'il serait bien impro-
bable que tant d'hommes illustres, tant de grands

docteurs[1] à l'entendement si haut et si profond, si
clairvoyants en toutes choses — car il me semble
que tous l'aient été —, aient pu parler de façon aussi
20 outrancière, et cela en tant d'ouvrages qu'il m'était
quasiment impossible de trouver un texte moral,
quel qu'en fût l'auteur, où je ne tombe sur quelque
chapitre ou paragraphe blâmant les femmes, avant
d'en achever la lecture. Cette seule raison suffisait à
25 me faire conclure qu'il fallait bien que tout ceci fût
vrai, même si mon esprit, dans sa naïveté et son
ignorance, ne pouvait se résoudre à reconnaître ces
grands défauts que je partageais vraisemblablement
avec les autres femmes. Ainsi donc, je me rappor-
30 tais plus au jugement d'autrui qu'à ce que je sentais
et savais dans mon être de femme.

J'étais plongée si profondément et si intensément
dans ces sombres pensées qu'on aurait pu me croire
tombée en catalepsie[2]. C'était une fontaine qui
35 sourdait[3] : un grand nombre d'auteurs me remon-
taient en mémoire ; je les passai en revue les uns
après les autres, et je décidai à la fin que Dieu avait
fait une chose bien abjecte en créant la femme. Je
m'étonnais qu'un si grand ouvrier eût pu consentir
40 à faire un ouvrage si abominable, car elle serait, à
les entendre, un vase recelant en ses profondeurs
tous les maux et tous les vices. Toute à ces réflexions, je fus submergée par le dégoût et la

---

1. Hommes très savants.
2. Paralysie.
3. Jaillissait.

consternation, me méprisant moi-même et le sexe
45   féminin tout entier, comme si la Nature avait en-
fanté des monstres.

LA CITÉ DES DAMES, *1405*,
trad. T. Moreau et E. Hick, éd. Stock, 1992.

Guide de lecture

1. Étudiez la composi-
tion du passage. En quoi
contribue-t-elle à créer
une émotion ?

2. Quelles sont les
différentes valeurs sur
lesquelles l'auteur
s'appuie pour mener
sa réflexion ?

CHARLES D'ORLÉANS

(1394-1465)

UNE VIE D'ÉPREUVES. Charles d'Orléans est un « prince-poète ». En tant que prince, sa vie fut marquée par une série douloureuse d'épreuves survenues dans une France profondément troublée. L'assassinat de son père Louis d'Orléans, frère du roi Charles VI, en 1407, la défaite d'Azincourt en 1415, où il est fait prisonnier par les Anglais, les vingt-cinq années de captivité qui s'ensuivent, l'échec de ses menées politiques à son retour d'exil sont autant d'étapes qui le conduisent à une retraite mondaine dans son château de Blois.

L'ŒUVRE POÉTIQUE. La carrière littéraire de Charles d'Orléans est en revanche placée sous le signe d'un brillant succès. Apparue à la cour de son père, qui fut un fin lettré, sa vocation poétique ne cesse de se manifester tout au long de sa vie. S'inspirant des grandes traditions de la poésie médiévale, et en particulier de la tradition courtoise, il compose essentiellement des ballades et des rondeaux qu'il aura le souci de recueillir en un seul volume. Son œuvre est placée sous le signe de la tristesse née du sentiment profond de la fuite du temps. Sur un ton familier et par le recours constant à l'allégorie, elle cherche une forme de sagesse dans le repli sur soi, loin des joies de ce monde, repli mélancolique qui s'exprime avec prédilection dans les termes de « nonchaloir » et de « merancolie ». La retraite à

Blois, consacrée à l'enrichissement de cette œuvre, est aussi marquée par l'organisation de célèbres concours poétiques auxquels participent de nombreux poètes, parmi lesquels figure François Villon (voir plus loin).

La ballade suivante, dont le thème fit l'objet d'un des concours de Blois, manifeste de manière exemplaire une utilisation personnelle du procédé de l'allégorie.

« En la forest d'Ennuyeuse Tristesse »

En la forest d'Ennuyeuse Tristesse,
Un jour m'avint qu'a par moy[1] cheminoye,
Si rencontray l'Amoureuse Deesse
Qui m'appella, demandant ou j'aloye.
5 Je respondy que, par Fortune, estoye
Mis en exil en ce bois, long temps a[2]
Et qu'a bon droit appeller me povoye[3]
L'omme esgaré qui ne scet[4] ou il va.

En sousriant, par sa tresgrant humblesse[5]
10 Me respondy : « Amy, se je savoye
Pourquoy tu es mis en ceste destresse,
A mon povair[6] voulentiers t'ayderoye ;

_____

1. Seul.
2. Depuis longtemps.
3. Je pouvais m'appeler.
4. Sait.
5. Humilité.
6. Autant que je pourrais.

Car, ja pieça[1], je mis ton cueur en voye[2]
De tout plaisir, ne sçay qui l'en osta ;
15   Or me desplaist qu'a present je te voye
L'omme esgaré qui ne scet ou il va.

— Helas ! dit-je, souverainne Princesse,
Mon fait savés[3], pourquoy le vous diroye ?
C'est par la Mort qui fait a tous rudesse,
20   Qui m'a tollu[4] celle qui tant amoye,
En qui estoit tout l'espoir que j'avoye,
Qui me guidoit, si bien m'acompaigna
En son vivant, que point ne me trouvoye
L'omme esgaré qui ne scet ou il va.

25   « Aveugle suy, ne sçay ou aler doye ;
De mon baston, affin que ne forvoye,
Je vois tastant mon chemin ça et la ;
C'est grant pitié qu'il couvient que je soye
L'omme esgaré qui ne scet ou il va ! »

BALLADE LXIII

Guide de lecture
....

1. Que représente la
« forest d'Ennuyeuse
Tristesse » ?
2. Comment s'exprime
le motif de l'égarement
(à travers quelles

images et selon quels
procédés) ?
3. En quoi le thème du
poème peut-il être
rattaché à la conception
de l'amour courtois ?

---

1. Depuis longtemps déjà.
2. Sur la voie.
3. Vous connaissez mon malheur.
4. Enlevé.

VILLON   *(vers 1432-après 1463)*

FRANÇOIS VILLON.   La personnalité de François Villon a nourri la première grande légende du poète marginal, révolté, brigand. Cette légende est comme il se doit fondée à la fois sur des faits réels et sur une fiction issue en grande partie de son œuvre elle-même. Né, s'il faut en croire ce que dit le *Testament*, en 1432, François de Montcorbier, qui empruntera à son père adoptif le nom de François Villon, fait ses études à la faculté des arts de Paris. Mais il succombe vite aux tentations de débauche qu'offre la vie très libre des étudiants. Aussi, à partir de 1455, date à laquelle il blesse mortellement un prêtre au cours d'une rixe, il mène une vie vagabonde rythmée par ses forfaits et des démêlés avec la justice qui le conduisent à plusieurs reprises en prison. En 1462, il est condamné à la pendaison. Il fait appel et sa peine est commuée en un bannissement de dix années. Il quitte alors Paris et, à partir de 1463, sa trace est totalement perdue.

LAIS ET TESTAMENT.   L'œuvre de Villon comporte deux recueils majeurs, profondément ancrés dans l'expérience de cette vie difficile, le *Lais* (1456) et le *Testament* (1461-1462). Conçus l'un et l'autre sur le principe du testament fictif et parodique (voir p. 271), ils mettent en scène la figure désabusée du poète. Une succession de legs (donations) dérisoires et burlesques (voir p. 271) fournit l'occasion de mordantes satires dans lesquelles le poète s'en prend aux différentes personnes qu'il a connues. Les ballades qui ponctuent le *Testament*, œuvre plus développée et plus élaborée, élèvent toutefois cette poésie au rang d'une méditation sur le thème de la fuite du temps et de la mort.

PoÉSIES DIVERSES.   Ce recueil contient l'une des pièces les plus célèbres de Villon, plus connue sous le titre de « Ballade des pendus » qui lui a été attribué par la postérité.

L'Épitaphe Villon

Freres humains qui après nous vivez,
N'ayez les cuers contre nous endurcis,
Car, se[1] pitié de nous povres avez,
Dieu en aura plus tost de vous mercis[2].
5   Vous nous voiez cy attachez cinq, six :
Quant de[3] la chair, que trop avons nourrie,
Elle est pieça[4] devorée et pourrie,
Et nous, les os, devenons cendre et pouldre.
De nostre mal personne ne s'en rie ;
10 Mais priez Dieu que tous nous vueille absouldre !

----

1. Si.
2. Pitié.
3. Quant à.
4. Depuis un certain temps.

Se freres vous clamons, pas n'en devez
Avoir desdaing, quoy que fusmes occis[1]
Par justice. Toutesfois, vous sçavez
Que tous hommes n'ont pas bons sens rassis[2] ;
15 Excusez nous, puis que sommes transsis[3],
Envers le fils de la Vierge Marie,
Que sa grace ne soit pour nous tarie,
Nous preservant de l'infernale fouldre.
Nous sommes mors, ame ne nous harie[4] :
20 Mais priez Dieu que tous nous vueille absouldre !

La pluye nous a debuez[5] et lavez,
Et le soleil dessechiez et noircis ;
Pies, corbeaulx, nous ont les yeux cavez[6],
Et arrachié la barbe et les sourcis.
25 Jamais nul temps nous ne sommes assis ;
Puis ça, puis la, comme le vent varie,
A son plaisir sans cesser nous charie[7],
Plus becquetez d'oiseaulx que dez a couldre.
Ne soiez donc de nostre confrairie ;
30 Mais priez Dieu que tous nous vueille absouldre !

---

1. Tués.
2. Ne possèdent pas tout leur bon sens.
3. Trépassés.
4. Que personne ne nous insulte.
5. Lessivés.
6. Creusés.
7. Balance.

Prince Jhesus, qui sur tous a maistrie[1]
Garde qu'Enfer n'ait de nous[2] seigneurie :
A luy n'ayons que faire ne que souldre[3].
Hommes, icy n'a point de mocquerie ;
35 Mais priez Dieu que tous nous vueille absouldre !

POÉSIES DIVERSES,
l'Épitaphe Villon.

Guide de lecture
....

1. À quel sentiment les pendus font-ils appel chez les vivants ?

2. Comment et par qui les pendus sont-ils décrits ?

_____

1. Maîtrise.
2. Sur nous.
3. Ni compte à rendre.

LA FARCE
DE MAÎTRE PATHELIN *(1486)*
....

UNE FARCE.   Cette pièce comique a joui d'une remarquable célébrité. Elle mêle habilement deux intrigues qui sont comme le miroir l'une de l'autre et débouchent sur une morale digne des fabliaux. Maître Pathelin, avocat désargenté et rusé, se procure à crédit une grande quantité de drap auprès du marchand Joceaulme ; mais, lorsque celui-ci se présente pour être payé, Pathelin, avec la complicité de sa femme Guillemette, se joue de lui : il lui fait croire que depuis onze semaines il n'a pas quitté sa chambre où il est à l'article de la mort. Le drapier en est pour son argent. Mais la victoire de Pathelin n'est que provisoire. Il connaîtra une mésaventure identique avec un de ses propres clients, le jeune berger Thibault Aignelet.

Dans ce passage, le drapier se présente chez maître Pathelin pour toucher son argent. Celui-ci, de la chambre où il est couché, appelle sa femme, qui reçoit le drapier sur le seuil, et joue le jeu de la maladie et du délire.

« Six aunes de drap, sur l'heure ! »

PATHELIN.   Ah ! méchante ! viens ici ! T'avais-je dit d'ouvrir ces fenêtres ? Viens me couvrir ! Chasse ces gens noirs ! Marmara ! Carimari ! Carimara ![1] Emmenez les moi ! Emmenez !

---

1. Formule magique des sorciers pour chasser les démons.

5 GUILLEMETTE.   Qu'est-ce ? Comme vous vous démenez ! Avez-vous perdu le sens ?

PATHELIN.   Tu ne vois pas ce que je sens. Voilà un moine noir[1] qui vole. Attrape-le ! Passe-lui une étole[2] ! Au chat, au chat ! Comme il monte !

10 GUILLEMETTE.   Eh ! Qu'est ceci ? N'avez-vous pas honte ? Eh ! Par Dieu ! C'est trop remuer !

PATHELIN.   Ces médecins m'ont tué avec ces drogues qu'ils m'ont fait boire. Et toutefois il les faut croire ! Ils nous manient comme de la cire !

15 GUILLEMETTE.   Hélas ! Venez le voir, cher Monsieur, il est au plus mal.

LE DRAPIER.   Vraiment, il est malade, depuis l'instant où il est revenu de la foire ?

GUILLEMETTE.   De la foire ?

20 LE DRAPIER.   Par saint Jean, oui ! Je crois qu'il y est allé. Du drap que je vous ai donné à crédit il me faut l'argent, maître Pierre !

PATHELIN.   Ah ! maître Jean, plus dures que pierre j'ai chié deux petites crottes noires, rondes comme 25 pelotes. Prendrai-je encore un clystère[3] ?

LE DRAPIER.   Qu'en sais-je ? Qu'ai-je à voir à cela ? Il me faut neuf francs ou six écus[4].

PATHELIN.   Ces trois morceaux noirs et pointus, les

---

1. Allusion au moine bourru, croquemitaine des gens de Paris.

2. Bande d'étoffe que le prêtre revêt dans l'exercice de certaines fonctions ; évoquée ici comme objet d'un rite d'exorcisme.

3. Lavement.

4. Monnaie.

nommez-vous pilules ? Ils m'ont abîmé les ma-
30 choires ! Pour Dieu, ne m'en faites plus prendre !
Maître Jean, ils m'ont fait tout rendre. Ah ! Il n'est
rien de plus amer.

LE DRAPIER.   Mais non ! Par l'âme de mon père, mes
neufs francs ne m'ont point été rendus !

35 GUILLEMETTE.   Par le col puisse-t-on prendre de tels
gens si ennuyeux ! Allez-vous-en, par tous les
diables, puisque au nom de Dieu vous ne voulez
rien savoir !

LE DRAPIER.   Par le Dieu qui me fit naître, j'aurai
40 mon drap avant de partir, ou mes neuf francs !

PATHELIN.   Et mon urine, ne vous dit-elle point que
je meurs ? Au nom de Dieu, quelque longue que soit
l'épreuve, que je ne passe point le pas[1].

GUILLEMETTE.   Allez-vous-en ! Et n'est-ce pas mal de
45 lui casser la tête ?

LE DRAPIER.   Notre Seigneur Dieu en soit fâché ! Six
aunes[2] de drap, sur l'heure ! Pensez-vous normal, en
conscience, que j'en sois frustré ?

LA FARCE DE MAÎTRE PATHELIN, *1486,
scène 5, v. 610 à 665, trad. G. Picot, coll. « Nouveaux Classiques »,
éd. Larousse, 1972.*

Guide de lecture

1. Étudiez les différents
procédés du comique.

2. Quelle est la cible
visée ici par la satire ?

---

1. Que je ne meure pas.

2. L'aune est une unité de mesure correspondant à 1,20 m.

Philippe de Commynes (1447-1511)

Une carrière politique. Chroniqueur et homme politique de première importance, Commynes naît en Flandre dans une famille d'ancienne noblesse attachée aux intérêts des princes bourguignons. Il s'engage donc tout naturellement aux côtés des ducs de Bourgogne dans la lutte qui les oppose au roi de France. Il se trouve aux côtés de Charles le Téméraire lors de la fameuse entrevue de Péronne (1468) au cours de laquelle Louis XI est fait prisonnier puis contraint de signer un accord humiliant. Cette entrevue marque un tournant décisif dans la vie de Commynes : par conviction ou par cupidité, il décide de changer de camp et, en 1472, il passe ouvertement au service du roi qui l'a comblé de faveurs. Dès lors, il joue un rôle politique de premier plan. Mais Charles VIII, qui monte sur le trône en 1483, lui refuse sa confiance. Commynes sort alors progressivement de la vie politique.

L'origine d'un genre. Les *Mémoires* de Commynes constituent une œuvre historique majeure de la fin du Moyen Âge. Conçus d'abord comme un simple recueil de documents sur des événements dont l'auteur a été le témoin, voire l'acteur, ils prennent vite une dimension plus importante : Commynes s'y justifie lui-même de ses actes, mène une réflexion sur les causes profondes des événements, et propose au prince un art de gouverner fondé sur la prise en compte très concrète du réel. Œuvre de moraliste et de politique autant que d'historien, l'ouvrage inaugure un genre, celui des Mémoires historiques. Les six premiers livres, rédigés entre 1489 et 1493, sont consacrés au règne de Louis XI. Les deux derniers retracent l'expédition de Charles VIII en Italie et sont composés de manière plus décousue, entre 1495 et 1498.

MÉMOIRES (1489-1493 ET 1495-1498). Dans le chapitre x des *Mémoires*, Commynes dresse le portrait moral de Louis XI. Après avoir décliné les qualités du roi, il cherche à en établir les causes. La bonne « nourriture », c'est-à-dire la bonne éducation, qu'il a reçue et qui le distingue de ses contemporains, lui paraît constituer un élément essentiel.

« De nulles lettres ils n'ont connaissance »

Encore fait Dieu grande grâce à un prince, quand il sait[1] le bien et le mal, et par espécial[2] quand le bien précède[3], comme au roi notre maître dessusdit. Mais à mon avis que[4] le travail[5] qu'il eut en sa
5   jeunesse, quand il fut fugitif de son père, et fuit sous le duc Philippe de Bourgogne, où il fut six ans, lui

---

1. Distingue.
2. Tout spécialement.
3. Surpasse.
4. C'est mon avis que.
5. Les difficultés.

valut beaucoup ; car il fut contraint de complaire à ceux dont il avait besoin. Et ce bien lui apprit adversité qui n'est pas petit[1]. Comme il se trouva grand et roi couronné, d'entrée ne pensa qu'aux vengeances : mais tôt lui en vint le dommage[2], et quand et quand[3] la repentance ; et répara cette folie et cette erreur, en regagnant ceux auxquels il tenait tort[4], comme vous entendrez ci-après.

Et s'il n'eût eu la nourriture autre que les seigneurs que j'ai vu nourrir en ce royaume, je ne crois pas que jamais ne se fut ressours[5], car ils ne les nourrissent seulement qu'à faire les fols en habillement et en paroles. De nulles lettres[6] ils n'ont connaissance. Un seul sage homme on ne leur met à l'entour. Ils ont des gouverneurs à qui on parle de leurs affaires[7], et à eux, rien ; et ceux-là[8] disposent de leurs dites affaires ; et tels seigneurs y a qui n'ont que treize livres[9] de rente, en argent, qui se glorifient de dire : « Parlez à mes gens », cuidant[10] par cette parole contrefaire les très grands seigneurs. Aussi ai-je bien vu souvent leurs serviteurs faire leur profit d'eux, en leur donnant bien à connaître qu'ils

---

1. C'est ce qui lui apprit l'adversité, ce qui n'est pas peu.
2. Préjudice.
3. Tout autant.
4. Ceux envers qui il avait des torts.
5. Relevé.
6. Culture.
7. Celles des seigneurs.
8. Les gouverneurs.
9. Monnaie.
10. Croyant.

30 étaient bêtes. Et si d'aventure quelqu'un s'en revient, et veut connaître ce qui lui appartient, c'est si tard qu'il ne sert plus de guère[1] ; car il faut noter que tous les hommes, qui jamais ont été grands et fait grandes choses, ont commencé fort jeunes. Et cela gît à la nourriture[2], ou vient de la grâce de Dieu.

MÉMOIRES, *1489-1498,*
chapitre X (orthographe modernisée).

Guide de lecture

1. **Quelles sont les diverses raisons par lesquelles Commynes explique la sagesse du roi ? En quoi sont-elles différentes les unes des autres ? Quelles sont celles qu'il développe le plus ?**

2. **À quelles conclusions politiques et morales Commynes invite-t-il le lecteur ?**

3. **Comment l'auteur conçoit-il son travail d'historien ? Quels en sont les différents aspects ?**

---

6. Cela ne sert plus à rien.
7. Cela vient de l'éducation.

La poésie
aux xivᵉ et xvᵉ siècles

La vraie naissance de la poésie

C'est à la fin du Moyen Âge que se confirme et se théorise une distinction très nette entre l'art de la prose et celui de la poésie. La poésie devient une forme d'expression particulière, caractérisée par l'emploi du vers et par la peinture du moi. Le terme de « poète », employé dans un sens proche de son acception moderne, apparaît à cette époque ; réservé jusque-là aux auteurs de l'Antiquité, il est appliqué pour la première fois à Guillaume de Machaut par son « disciple », le poète Eustache Deschamps (vers 1346-vers 1407). La poésie se définit comme un art qui exploite toutes les ressources formelles de la langue et de la composition. Cette prise de conscience affecte conjointement toutes les formes d'expression poétique, celle du dit aussi bien que celle de la poésie lyrique héritée des troubadours.

L'évolution du dit

Le dit s'est développé au xiiiᵉ siècle. Dès son origine, il n'est caractérisé ni par une forme ni par des thèmes. Il se définit d'abord, comme son nom l'indique, par un mode de lecture : contrairement à la poésie lyrique, il n'est pas destiné à être chanté. L'auteur peut y aborder les sujets les plus variés. Mais, quelle que soit la matière traitée, le poème est écrit à la première personne et fait apparaître la figure du poète. L'œuvre de Rutebeuf montre, dès cette époque, le parti que l'on peut tirer d'une forme aussi souple. Elle montre également comment l'expression du moi, jusqu'alors réservée à la poésie chantée, peut être associée à un récit, c'est-à-dire à une forme narrative. En cela elle annonce la naissance d'un nouveau lyrisme, défini non plus par l'association de la poésie et de la musique, mais par le ton de la confidence personnelle.

Au XIVe siècle, le dit devient une forme d'expression poétique privilégiée. Guillaume de Machaut en renouvelle et en diversifie l'inspiration. Il accentue son caractère personnel. L'écrivain s'y présente sous toutes ses facettes littéraires : celle du poète réfléchissant sur son art, celle de l'amant s'adressant à celle qu'il aime, celle du clerc qui cherche à enseigner. Le dit prend également plus d'ampleur. Ainsi le dit de *la Fontaine amoureuse* ou le *Voir dit* présentent une alternance de passages narratifs, de poèmes lyriques à forme fixe, voire même de lettres. Le terme sert alors à désigner un recueil poétique tout entier, long et complexe, qui présente une cohérence ou raconte une histoire. C'est ainsi que l'entendra également le poète et chroniqueur Jean Froissart (vers 1333-apr. 1404) qui reprend dans son *Espinette amoureuse* (1365-1371) les principes de composition inaugurés par Guillaume de Machaut.

Cette utilisation du dit illustre de manière exemplaire une des tendances de l'expression poétique de l'époque : celle qui consiste à composer des recueils, à rassembler et à structurer une œuvre afin de lui donner un surcroît de sens par sa composition ; c'est ce que fait, dans un autre genre, Christine de Pisan en réunissant ses *Cent Ballades d'amant et de dame*.

La poésie lyrique :
la définition des formes fixes

Alors que le dit développe, prolonge et diversifie l'expression du moi, la poésie lyrique traditionnelle abandonne la grande « canso » (voir p. 271) des troubadours pour se resserrer et se structurer à l'intérieur de formes fixes. Lais, chants royaux, ballades, rondeaux, virelais, pastourelles se définissent à cette époque.

Le rondeau et la ballade connaissent un succès tout particulier. Ils sont nés l'un et l'autre de la chanson à refrain (pièce à plusieurs voix sur un texte poétique comportant un refrain). Leur structure est donc d'origine musicale. Mais, après Guillaume de Machaut, ils suivent le mouvement général de la poésie et se dissocient de la musique. La brièveté du rondeau fait sa vivacité et lui donne une apparence de légèreté. La ballade est plus longue et plus complexe. Écrite le plus souvent en vers de dix syllabes, elle se compose d'un nombre variable de strophes qui s'achèvent toutes par le refrain. Elle peut se terminer, comme dans la ballade de Christine de Pisan (voir p. 91) ou dans celle de Guillaume de Machaut (voir p. 88) par un « envoi », c'est-à-dire une demi-strophe de quatre ou cinq vers qui marque la clôture du poème.

Ces formes jouent essentiellement sur les effets de répétition et de circularité imposés par le refrain. Déterminées et souples à la fois, elles permettent de concilier avec finesse les recherches savantes sur la composition du poème et la liberté d'une inspiration variée.

Tout autre est la pratique des poètes qu'on appelle les « grands rhétoriqueurs ».

Les « grands rhétoriqueurs »

On désigne par cette expression un ensemble de poètes qui, sans avoir formé une école, ont partagé, de la seconde moitié du XVe siècle au début du XVIe siècle, un même statut et des conceptions poétiques identiques. Les grands rhétoriqueurs sont des poètes de cour. Ils mettent leur plume et leur savoir au service du prince qui les rémunère de façon régulière. Les grandes cours de Bretagne et de Bourgogne ont été les premières à abriter ces poètes orateurs, formés au vers comme à la prose, qui se mêlent volontiers de morale et de politique. Elles ont accueilli respectivement Jean Meschinot (1420-1491) et Jean Molinet (1435-1507), qui sont certainement les deux figures les plus marquantes de ce mouvement.

Ces auteurs se distinguent surtout, sur le plan littéraire, par l'intérêt qu'ils portent à la forme poétique. Cet intérêt leur inspire des œuvres théoriques, des traités de l'art poétique (appelé « art de seconde rhétorique », expression d'où ils tirent leur nom). Il donne aussi à leur propre production un aspect très particulier. La poésie des grands rhétoriqueurs est une poésie fondée sur les jeux du langage, du vers et de la rime. Recherchée, volontiers énigmatique, elle valorise avant tout la virtuosité.

L'influence des grands rhétoriqueurs marque profondément les débuts de la poésie au XVIe siècle. Clément Marot peut être considéré comme le dernier de leurs grands héritiers. Mais les poètes de la Pléiade jugent avec sévérité leur formalisme. Ils rejettent d'ailleurs toutes les formes de la poésie médiévale.

Le siècle de la Renaissance

Le siècle de la Renaissance

*L*e XVIᵉ siècle a su s'imposer de lui-même au regard de l'histoire comme le siècle de la Renaissance. D'innombrables déclarations témoignent de ce que les esprits éclairés de ce siècle ont partagé le sentiment enthousiaste d'une restauration de la culture et de la civilité après ce qu'ils ont appelé « les ténèbres » du Moyen Âge.

Sous le signe des renouveaux

Accentuant de manière excessive la fracture qui les séparait de la période précédente, ils ont été profondément convaincus de vivre un moment exceptionnel de renouveau, qui permettait de fonder en l'homme et en son avenir un espoir d'une intensité encore inédite. Ce sentiment s'appuie sur un certain nombre de faits incontestables : le développement de l'imprimerie (les premières presses apparaissent à Paris vers 1470), qui favorise l'édition et la diffusion des textes de l'Antiquité grecque et latine, sources inépuisables du renouveau culturel et scientifique ; l'exploration des « nouveaux mondes », qui correspond à un élargissement des horizons géographiques et intellectuels ; le succès manifeste du modèle italien, qui, depuis plus d'un siècle déjà, a connu sa propre Renaissance et réalisé des prouesses dans le domaine des arts et de la culture.

La réalité du siècle est pourtant beaucoup plus contrastée. Les contemporains eux-mêmes étaient loin de l'ignorer. La Renaissance, ce sont aussi les guerres civiles qui naissent des conflits religieux et qui mettent la France à feu et à sang ; ce sont des espoirs déçus et des désillusions, le Nouveau Monde (le continent américain) conquis et ravagé, la naissance et le développement de l'artillerie, qui rend les guerres de plus en plus meurtrières.

Si l'optimisme peut sembler l'emporter dans la première partie du siècle, le désenchantement accompagne la période des guerres civiles qui commence dans les années 1560.

Les guerres extérieures

Pendant la première moitié du siècle, deux rois se succèdent : François Ier (1515-1547) et Henri II (1547-1559). L'un et l'autre poursuivent des guerres extérieures, dont la France ne tirera qu'un très maigre profit territorial. Les guerres d'Italie, nées des prétentions du roi de France sur le royaume de Naples et le duché de Milan, commencent sous Charles VIII (1494) et s'achèvent, après la brève victoire de Marignan (1515), par le traité de 1516 qui reconnaît à la France la possession du Milanais. Elles se prolongent dans le conflit qui oppose, dès 1521, les rois de France à l'empereur Charles Quint (1519-1556) et plus généralement à la maison des Habsbourg soutenus par l'Angleterre. En 1559, le traité du Cateau-Cambrésis met un terme aux hostilités et aux prétentions françaises sur l'Italie. Les acquis sont surtout culturels. Les Français ont découvert avec émerveillement et envie la splendeur de l'art renaissant et le raffinement de la société italienne. Ils les introduisent en France. François Ier ramène avec lui des artistes italiens (Léonard de Vinci, le sculpteur Cellini) et entreprend la construction des châteaux de la Loire.

Ces guerres ont détourné les conflits et les tensions hors de l'aire nationale. Malgré les défaites, elles n'ont pas terni le prestige de l'autorité royale, qui sort considérablement renforcée de toute cette période. Par ailleurs, l'efficacité de l'administration monarchique, les progrès et le développement de l'industrie (textile, verrerie, métallurgie) et de l'artisanat, la croissance démographique ont permis d'assurer un certain ordre et une relative prospérité. François Ier a su s'imposer comme un prince mécène, encourageant le progrès des lettres et de l'enseignement. Autant d'éléments positifs qui marquent ces années et expliquent qu'elles aient pu être vécues comme un moment de croissance et de stabilité.

Pourtant, les conflits religieux nés d'une volonté de réformer l'Église (d'où le nom de Réforme) menacent sérieusement l'ensemble de la société. Pour l'Allemand Luther (1483-1546), et pour le Français Calvin (1509-1564), il s'agit de retourner à la conception originelle de la foi et du culte chrétiens. Leurs thèses, qui rendent l'Église catholique et la papauté coupables d'avoir dénaturé le message des Évangiles, rencontrent de nombreux adeptes. François Ier est d'abord ouvert aux idées nouvelles autant par esprit de tolérance que par calcul politique (il tient à ménager les princes allemands « réformés » qui lui servent d'appui contre Charles Quint). Mais il s'engage dans un cycle de répression après l'affaire des Placards : en 1534, on placarde à Paris et sur la porte de la chambre du roi, à Amboise, des affiches qui insultent le pape, les évêques et la messe. Le règne d'Henri II voit s'accentuer les persécutions sans mettre un terme à la progression du calvinisme. L'Église catholique raffermit ses positions face aux réformés et définit au concile de Trente (1545-1563) les principes d'une Contre-Réforme.

Les guerres civiles

S'ouvre alors une période tragique de l'histoire de France : la dimension politique des conflits religieux prend une importance considérable et on en vient à la guerre civile. La faiblesse relative de la royauté favorise l'extension des troubles : François II, qui succède à Henri II, ne règne qu'un an (1559-1560) ; à sa mort, le jeune Charles IX n'a que dix ans et la régence est assurée par sa mère, Catherine de Médicis. Dès 1559, deux partis s'opposent, celui des princes de sang (Antoine de Bourbon, devenu roi de Navarre, et le prince de Condé) favorables au protestantisme, et celui des catholiques conduit par les Guises, qui appartiennent à la maison de Lorraine. En 1562, le massacre, par les gens du duc de Guise, d'un groupe de protestants à Wassy donne le signal de la guerre civile. On lève des armées des deux côtés et la France vit dès lors dans un état de guerre quasi permanent. En 1572, c'est le massacre de la Saint-Barthélemy. Deux ans plus tard, Charles IX meurt. Son successeur, Henri III, se montre plus tolérant, trop aux yeux des catholiques, qui constituent une Ligue. Celle-ci est dirigée par Henri de Guise, qui, s'appuyant sur l'Espagne, saisit cette occasion pour faire valoir les prétentions de la maison de Lorraine au trône de France. L'affrontement, qui a pour enjeux la continuité dynastique et l'unité du royaume, dure pendant trois ans et ne débouche sur aucune solution : Henri III fait assassiner le duc de Guise en 1588, mais lui-même s'éteint l'année suivante, blessé à mort par le moine Jacques Clément. La dynastie des Valois s'achève. Henri de Navarre, le futur Henri IV, est le successeur légitime du roi de

France, mais il est protestant. Il ne peut s'imposer par la force et, en 1593, il abjure le protestantisme, ruinant ainsi les prétentions de Philippe II d'Espagne. Il promulgue en 1598 l'édit de Nantes, qui réglemente le culte protestant. Lorsqu'il est assassiné par Ravaillac en 1610, l'autorité royale a été restaurée, la France s'est relevée de ses ruines.

La ferveur renaissante (1515-1560)

Les cadres intellectuels de la Renaissance se mettent en place, au début du siècle, grâce au travail acharné de ceux qu'on appelle les humanistes. Ces hommes savants ont pour principal souci de restituer dans leur authenticité les sources de la culture et du savoir. Il lisent, corrigent, éditent et commentent les textes de l'Antiquité auxquels le Moyen Âge n'a eu que très partiellement accès, mais aussi la Bible, dont ils proposent de nouvelles traductions fondées sur des textes hébreux et grecs. Les origines de la Réforme française sont profondément liées à ce travail et à ces préoccupations humanistes. Intimement persuadés que la culture est une valeur au sens où elle permet la pleine réalisation des capacités proprement humaines (exercice de la raison, pratique de la liberté, etc.), ces hommes rendent possible la redécouverte non seulement des philosophies (platonisme, aristotélisme, stoïcisme, voir p. 271), mais aussi de la littérature, de l'histoire et du droit antiques.

Également appliqués à la relecture de la Bible, ils tentent de concilier leur christianisme et l'apport si foisonnant de la culture païenne. Les Français Lefèvre d'Étaples (1450-1537) et Guillaume Budé (1468-1540), le Hollandais Érasme (vers 1469-1536) sont les grandes figures de ce vaste mouvement.

Dans cette première moitié du siècle, Rabelais (1494 ?-1553), humaniste lui-même, témoigne par son œuvre de l'enthousiasme et des espoirs qu'a pu susciter une telle restauration de la culture.

En effet, loin d'être coupés des érudits qui s'expriment en latin et poursuivent leurs savantes études, écrivains et poètes partagent leur foi dans le savoir et s'engagent avec ferveur dans la lutte contre l'ignorance. L'œuvre d'un poète comme Marot (1496-1544) montre bien que la rupture entre le Moyen Âge et la Renaissance n'est pas aussi brutale qu'on l'a dit. Mais la littérature qui se développe dans les années 1540-1560 présente incontestablement un caractère de nouveauté qui est lié à ses rapports avec l'humanisme et à une mutation des cadres de la réflexion et de la création. Pour les poètes de la Pléiade (voir p. 131), la restauration des lettres antiques doit offrir un modèle et un point d'appui pour la constitution d'une grande littérature nationale. Les premières œuvres de Du Bellay (1522-1560) et de Ronsard (1524-1585), qui paraissent si nouvelles aux contemporains, militent pour l'emploi et l'enrichissement de la langue française. Elles donnent l'exemple d'une poésie savante qui n'est pas seulement destinée à un public lettré, restreint, mais qui cherche à s'imposer également à la cour. Le renouvellement du théâtre français se fait lui aussi par le retour à la tragédie et à la comédie antiques. La France doit s'« illustrer » par une littérature originale qui égale les grands modèles grecs et latins.

Pendant toute cette période, l'Italie constitue un modèle privilégié : modèle pour la formation d'une langue vulgaire qui soit une grande langue littéraire, modèle aussi pour le rapport que ses auteurs modernes ont su établir avec les sources antiques, modèle enfin à travers certaines œuvres du XIVe et du XVe siècle qui inspirent en permanence la production française : on pourra retenir, pour la poésie, l'influence considérable du *Canzoniere* (recueil de poésie amoureuse conçu vers 1336, où se mêlent sonnets et chansons) de Pétrarque ; pour l'art du récit, le *Décaméron* (recueil de nouvelles paru en 1353) de Boccace, et pour la philosophie au sens large, les traductions et commentaires de Platon établis par le grand humaniste italien Marsile Ficin (1433-1499).

Le temps des désillusions (1560-1616)

Après ce grand moment d'effervescence créatrice vient le temps des doutes et des affrontements. Le contexte des guerres civiles y est pour beaucoup. Les poètes s'engagent dans le combat : comment continuer à chanter l'amour quand la France est déchirée par des luttes fratricides ? La poésie se fait militante et satirique : elle dénonce avec virulence les excès auxquels se livrent les différents partis, ridiculise ses adversaires et dresse un tableau effrayant des horreurs de la guerre. Ronsard publie alors le *Discours sur les misères de ce temps* (1562-1563), Agrippa d'Aubigné commence, en 1577, à écrire son grand poème, *les Tragiques,* qui ne sera publié qu'en 1616. Les humanistes entreprennent une vaste réflexion d'ordre politique sur les fondements de la légitimité monarchique, sur le tyrannicide (assassinat du tyran), sur la meilleure forme de gouvernement. Cette réflexion n'est pas sans rapport avec l'histoire qu'ils sont en train de vivre.

La guerre civile n'explique pourtant pas toutes les questions qui surgissent pendant cette période. Les espoirs de la Renaissance portaient en eux-mêmes, et depuis le début du siècle, les germes des difficultés à venir. Les grandes synthèses dont on a rêvé (et en particulier la conciliation de la culture païenne et de la culture chrétienne) s'avèrent inaccessibles ; le désir d'un savoir encyclopédique fait l'objet de vives critiques : il naît pour certains d'une « curiosité » excessive qui détourne le chrétien de Dieu et n'aboutit à aucune certitude. La doctrine philosophique du scepticisme, qui enseigne le doute, suscite un vif intérêt. Les récits de voyage (par exemple les *Singularités de la France antarctique,* d'André Thévet, qui paraissent en 1557) alimentent une réflexion sur la notion de civilisation. L'œuvre de Montaigne (les deux premiers livres des *Essais* paraissent en 1580) constitue à bien des égards une expression remarquable des doutes de l'humanisme.

D'importantes mutations esthétiques accompagnent cette évolution. À partir des années 1570, Desportes (1546-1606) entre en concurrence avec Ronsard et fait progressivement triompher à la cour d'Henri III une poésie dite « maniériste » : celle-ci se dégage des modèles de la poésie antique et s'apparente à un jeu où prime l'imitation précieuse d'un style ; on écrit « à la manière de » en s'inspirant des néopétrarquistes italiens (poètes qui reprennent la tradition née de l'œuvre de Pétrarque). Les thèmes de l'inconstance et de l'instabilité y sont déjà traités avec prédilection. Mais ils trouvent leur expression la plus inquiète dans la poésie de la fin du siècle, celle de Sponde (1557-1595) ou celle de d'Aubigné, auxquelles on a appliqué au xxe siècle le terme de « baroque ». En transférant à la littérature cette notion d'abord réservée aux beaux-arts (peinture, sculpture, architecture), les critiques ont cherché à rendre compte d'une esthétique particulière qui s'épanouit au xviie siècle et qui privilégie une vision du monde et de l'homme livrés au mouvement et à l'instabilité.

La ferveur renaissante

La ferveur renaissante

Les nouveaux cadres de la vie intellectuelle

L a diffusion du livre imprimé transforme profondément les conditions de la vie et des échanges culturels. Mais, dès le début du siècle, d'autres mutations contribuent également à la mise en place de structures nouvelles. L'Université n'est pas le haut lieu de la Renaissance des lettres. Sans perdre son prestige et sans renoncer à ses activités, elle se voit concurrencée par d'autres centres d'élaboration et de diffusion du savoir. Les collèges se réforment. Ils assurent un enseignement qui correspondrait aujourd'hui au niveau du secondaire et jouent un rôle important dans l'éducation des futures élites. Le collège parisien de Coqueret est un des plus connus : c'est là que Ronsard, du Bellay et d'autres poètes de la Pléiade ont reçu leur formation humaniste. Le collège royal (futur Collège de France), fondé en 1530 par François Ier, doit être considéré comme le véritable fer de lance de la diffusion du nouveau savoir : les meilleurs humanistes de l'époque y enseignent les trois langues anciennes (latin, grec, hébreu) et familiarisent un public élargi avec la culture antique. Le fait même que François Ier en soit le fondateur doit être souligné.

Le roi et la cour participent à cette mutation de la vie culturelle ; ils stimulent la création, favorisent les échanges. C'est François Ier qui commande à l'écrivain italien Castiglione (1478-1529) un ouvrage qui aura un retentissement considérable, *le Courtisan* (1528), qui établit pour plusieurs générations les règles d'une nouvelle civilité. Marguerite de Navarre (1492-1549), sœur de François Ier, entretient à Nérac (dans le sud-ouest de la France) un foyer très vivant de poètes, d'auteurs, d'humanistes qu'elle protège. Enfin, on voit se constituer de véritables salons ou cercles privés. Celui de la maréchale de Retz, à Paris, est un des plus célèbres et des plus prestigieux.

En dehors de Paris, la ville de Lyon peut être considérée comme un symbole de la vie culturelle renaissante : la réflexion y est libre et foisonnante, les contacts avec l'Italie y sont nombreux et fructueux ; les imprimeurs y déploient une activité intense ; les salons accueillent des poètes de grand talent comme Maurice Scève (1500 ?-vers 1562) et Louise Labé (1524-1566).

Le renouvellement des idées

De nouveaux courants de pensée caractérisent cette époque et alimentent la production littéraire. Celui qu'on désigne sous le

terme d'évangélisme est particulièrement important. Il est le fait d'un ensemble d'humanistes
chrétiens qui préconisent le retour aux sources de
la foi. La lecture de la Bible, et tout spécialement
des Évangiles, éclairée par une solide culture, la
pratique d'une religion intérieure soutenue par
quelques dogmes très simples, le respect de l'enseignement du christianisme dans la vie quoti-
dienne du croyant, constituent ses caractéristiques essentielles. Clément Marot, Marguerite
de Navarre, François Rabelais partagent ces idées
qui génèrent un renouvellement de la spiritualité.
Ils les diffusent à travers leurs œuvres.

Le néoplatonisme joue lui aussi un rôle important. On désigne par ce terme un ensemble de re-
lectures chrétiennes des textes philosophiques de
Platon. Celle qu'a proposée au xvᵉ siècle l'Italien
Marsile Ficin exerce une influence considérable
sur la pensée de l'époque. Les poètes trouvent
dans cette philosophie une théorie de l'inspiration poétique et une conception hautement spiri-
tualisée de l'amour. Sur ce dernier point,
l'influence de Platon se conjugue avec celle de Pétrarque (1304-1374). Le premier humaniste italien, héritier de la poésie courtoise, a lui aussi
transmis aux poètes du xvɪᵉ siècle cette conception
très élevée de l'amour qui tend à l'idéalisation de la
femme aimée. À partir de son œuvre s'est rapidement constitué un « répertoire » de thèmes et d'i-
mages qui sera inlassablement repris dans les
grands recueils de poésie amoureuse.

La Renaissance poétique

L a poésie joue un rôle essentiel dans le mouvement de la Renaissance. Ouverte aux différentes influences qui viennent d'être évoquées, elle évolue considérablement au cours de ces cinquante années. Marot et son « école » (voir p. 133) assurent une espèce de transition avec la fin du Moyen Âge et les grands rhétoriqueurs. Le petit groupe des poètes lyonnais s'ouvre de manière plus radicale au néoplatonisme et au pétrarquisme. Enfin, dans les années 1550, le groupe de la Pléiade (qui prend d'abord le nom martial de « Brigade ») se constitue et opère une véritable révolution. Il rassemble à l'origine (car le groupe ne cessera d'évoluer) sept jeunes poètes qui, par référence à l'Antiquité, reprennent le nom que s'étaient donné sept poètes grecs (IIIe siècle avant J.-C.) en s'inspirant d'une fable mythologique : celle des filles du géant Atlas qui, ayant été transformées en une constellation, devinrent les « Pléiades ». La rupture est totale avec les formes et avec les pratiques médiévales. C'est ce dont témoigne l'engouement pour deux formes nouvelles dans la poésie française, l'ode (voir p. 271), retrouvée dans la poésie antique, et le sonnet (voir p. 271) importé d'Italie.

Résolument inscrite dans le mouvement renaissant, une nouvelle doctrine poétique s'élabore. L'imitation des Anciens pour la constitution d'une grande poésie nationale, le recours à la mythologie et au savoir pour rehausser l'éclat d'une poésie qui se veut élevée, nourrie de « doctrine » (connaissance), l'affirmation des pouvoirs exceptionnels du poète véritablement inspiré des Muses et capable de révéler aux hommes une vérité cachée, tels sont les principes essentiels sur lesquels cette nouvelle doctrine repose. S'opère alors une fulgurante renaissance poétique qui engage également le renouvellement du théâtre. Si le mystère et la farce continuent à se développer, le retour aux sources antiques permet la naissance de la comédie et de la tragédie (voir p. 271).

Renouvellement des formes du récit

Dans ce domaine, le dialogue avec le Moyen Âge est plus sensible. Les œuvres de Rabelais s'inscrivent dans la tradition parodique (qui procède par imitation comique) des romans de chevalerie, pour faire du récit facétieux un mode d'expression original et complexe des idées nouvelles. Les recueils de nouvelles suscitent par ailleurs un véritable engouement. Les *Cent Nouvelles Nouvelles* (1515) de Philippe de Vigneulles reprennent le titre d'un ouvrage anonyme de 1466 et lancent le mouvement. Traditions populaires (en particulier celle des fabliaux) et traditions humanistes (l'influence du *Décaméron* de Boccace traduit en 1545 est considérable) se juxtaposent ou se conjuguent dans les œuvres de Des Périers (1510 ?-1544 ?) et de Marguerite de Navarre.

MAROT *(1496-1544)*

....

TRADITION ET RENOUVEAU. Marot est un poète de cour dont l'œuvre novatrice, ancrée dans la tradition médiévale, marque profondément la première partie du siècle. Formé par son père, Jean Marot, à l'art poétique des grands rhétoriqueurs, il se fait remarquer par François Ier dans les années 1516 et commence une brillante carrière sous la protection de Marguerite de Navarre. Mais, dès 1526, les épreuves commencent : soupçonné d'hérésie pour ses affinités avec les idées de la Réforme, il mène une vie difficile où des périodes de gloire alternent avec des périodes de disgrâce et d'exil.

UNE VIE D'ÉPREUVES. Marot connaît d'abord la prison à deux reprises, en 1526 et 1527. Cette expérience lui inspire une violente satire de la justice, *l'Enfer,* qu'il ne fait pas paraître. En 1532, il publie en revanche l'ensemble de ses œuvres de jeunesse dans un recueil intitulé l'*Adolescence clémentine* (1532 et 1534). L'œuvre remporte un vif succès mais, en 1534, après l'affaire des Placards, le poète est contraint de s'exiler. Son périple, qui le conduit jusqu'en Italie, n'interrompt pas son travail poétique : Marot lance la mode des blasons, petits poèmes descriptifs qui célèbrent un objet familier, un élément de la nature, une partie du corps humain (*Blason du Beau Tétin,* 1536)... et commence sa traduction des Psaumes de la Bible.

Moyennant son abjuration du protestantisme, il est autorisé à rentrer en France en 1537. Une sorte d'« école » s'est constituée autour de son œuvre et le poète connaît la gloire. Cependant, en 1542, *l'Enfer* paraît à l'insu de l'auteur et la Sorbonne condamne les *Trente Psaumes* (1541). Marot s'enfuit cette fois à Genève, auprès de Calvin. Mais les deux hommes ne s'entendent pas et le poète achève sa vie à Turin en 1544.

L'ADOLESCENCE CLÉMENTINE (1532-1534).   Une grande partie de l'œuvre de Marot est faite de poèmes de circonstance. Dans cette épître (lettre en vers) écrite en 1518 ou 1519, le poète s'adresse à François Ier pour requérir son soutien financier. Il sait faire ici, avec humour, la démonstration de sa maîtrise de l'art des grands rhétoriqueurs (voir p. 113), alors en faveur à la cour.

Petite épître au roi

En m'ébattant[1] je fais rondeaux en rime,
Et en rimant bien souvent je m'enrime :
Bref, c'est pitié d'entre nous[2] rimailleurs,
Car vous trouvez assez de rime ailleurs,
5 Et quand vous plaît, mieux que moi rimassez[3].
Des biens avez et de la rime assez.
Mais moi, à tout[4] ma rime et ma rimaille,

---

1. En me divertissant.
2. De nous autres.
3. Allusion aux œuvres poétiques de François Ier.
4. Avec toute.

Je ne soutiens (dont je suis marri[1]) maille[2]
    Or ce me dit (un jour) quelque rimart :
10 « Viens çà, Marot, trouves-tu en rime art
Qui serve aux gens, toi qui as rimassé ?
— Oui vraiment (réponds-je) Henri Macé[3],
Car, vois-tu bien, la personne rimante,
Qui au jardin de son sens la rime ente[4],
15 Si elle n'a des biens en rimoyant,
Elle prendra plaisir en rime oyant[5]
Et m'est avis que si je ne rimois
Mon pauvre corps ne serait nourri mois,
Ne[6] demi-jour. Car la moindre rimette,
20 C'est le plaisir, où faut[7] que mon ris[8] mette. »
    Si[9] vous supplie, qu'à ce jeune rimeur
Fassiez avoir un jour par sa rime heur[10].
Afin qu'on die[11], en prose, ou en rimant :
« Ce rimailleur, qui s'allait enrimant,
25 Tant rimassa, rima et rimonna,
Qu'il a connu quel bien par rime on a. »

L'ADOLESCENCE CLÉMENTINE, *1532-1534,*
« *Petite Épître au Roi* » *(orthographe modernisée).*

---

1. Ce dont je suis fâché.
2. Menue monnaie.
3. Personnage mal connu, peut-être inventé pour la rime.
4. Greffe.
5. Entendant.
6. Ni.
7. Où il faut.
8. Rire.
9. Aussi.
10. Bonheur.
11. Dise.

1. **Décrivez avec préci-sion le jeu sur la rime qui se poursuit tout au long du poème qui précède. Pourquoi appelle-t-on ce genre de rimes des rimes** « équivoquées » ?

2. **Quelle est l'image du poète de cour qui se dégage de ce poème ? Quel effet Marot veut-il produire sur son lecteur ?**

Marot compose l'épître suivante lors de son premier séjour en prison. Suspecté pour ses idées religieuses, il semble qu'il ait été accusé, sur un acte de délation, d'a-voir « mangé du lard à carême », période où il était in-terdit par l'Église de manger de la viande. Il s'adresse à son ami poitevin Léon (on prononçait « lion » en Poitou) Jamet pour lui demander de venir à son se-cours. L'œuvre établit ainsi un dialogue avec la réalité qu'elle transpose et transfigure. Elle se sert pour cela d'une fable dont elle emprunte la matière à Ésope, fabuliste grec de l'Antiquité (VIIe-VIe siècle av. J.-C.).

Épître à son ami Lion

Je ne t'écris de l'amour vaine et folle[1] :
Tu vois assez s'elle[2] sert ou affole[3].

---

1. Au XVIe siècle, amour est un nom féminin.
2. Si elle.
3. Rend fou.

Je ne t'écris ne[1] d'armes ne de guerre :
Tu vois qui peut bien ou mal y acquere[2].
5   Je ne t'écris de Fortune puissante :
Tu vois assez s'elle est ferme ou glissante.
Je ne t'écris d'abus[3] trop abusant :
Tu en sais prou[4] et si n'en vas usant[5].
Je ne t'écris de Dieu ne sa puissance :
10   C'est à lui seul t'en donner connaissance.
Je ne t'écris des Dames de Paris :
Tu en sais plus que leurs propres maris.
Je ne t'écris qui[6] est rude ou affable,
Mais je te veux dire une belle fable :
15   C'est assavoir du Lion et du Rat.

Cestui[7] lion, plus fort qu'un vieux verrat[8]
Vit une fois que le rat ne savait
Sortir d'un lieu, pour autant qu'il avait
Mangé le lard et la chair toute crue.
20   Mais ce lion (qui jamais ne fut grue[9])
Trouva moyen, et manière, et matière,
D'ongles et dents, de rompre la ratière ;
Dont maître rat échappe vitement.

---

1. Ni.
2. Acquérir.
3. Tromperie.
4. Beaucoup.
5. Aussi tu ne la pratiques pas.
6. Ce qui.
7. Ce.
8. Cochon.
9. Sot.

Puis mit à terre un genou gentement[1],
25 Et en ôtant son bonnet de la tête,
A mercié mille fois la grand bête :
Jurant le dieu des souris et des rats
Qu'il lui rendrait. Maintenant tu verras
Le bon du conte. Il advint d'aventure
30 Que le lion, pour chercher sa pâture,
Saillit[2] dehors sa caverne et son siège ;
Dont[3] (par malheur) se trouva pris au piège,
Et fut lié contre un ferme poteau.
     Adonc[4] le rat, sans serpe ne couteau,
35 Y arriva joyeux et ébaudi[5],
Et du lion (pour vrai) ne s'est gaudi[6] ;
Mais dépita[7] chats, chattes et chatons,
Et prisa fort rats, rates et ratons,
Dont[8] il avait trouvé temps favorable[9]
40 Pour secourir le lion secourable ;
Auquel a dit : « Tais-toi, lion lié,
Par moi seras maintenant délié ;
Tu le vaux bien, car le cœur joli as.
Bien y parut, quand tu me délias.
45 Secouru m'as fort lionneusement,
Or secouru seras rateusement. »

---

1. Gracieusement.
2. Bondit.
3. Par suite de quoi.
4. Alors.
5. Réjoui.
6. Moqué.
7. Méprisa.
8. De ce que.
9. Occasion favorable.

Lors le lion ses deux grands yeux vêtit[1],
Et vers le rat les tourna un petit[2],
En lui disant : « Ô pauvre verminière[3],
50   Tu n'as sur toi instrument, ne manière,
Tu n'as couteau, serpe, ne serpillon,
Qui sût couper corde, ne cordillon,
Pour me jeter de[4] cette étroite voie.
Va te cacher, que le chat ne te voie.
55   — Sire Lion (dit le fil de souris)
De ton propos (certes) je me souris.
J'ai des couteaux assez, ne te soucie,
De bel os blanc plus tranchant qu'une scie :
Leur gaine, c'est ma gencive, et ma bouche.
60   Bien couperont la corde qui te touche
De si très près : car j'y mettrai bon ordre. »
Lors sire Rat va commencer à mordre
Ce gros lien ; vrai est qu'il y songea
Assez longtemps ; mais il le vous rongea
65   Souvent, et tant, qu'à la parfin tout rompt.
Et le lion de s'en aller fut prompt,
Disant en soi : « Nul plaisir (en effet)
Ne se perd point, quelque part où soit fait. »
Voilà le conte en termes rimassés :
70   Il est bien long, mais il est vieil assez,
Témoin Ésope, et plus d'un million.
Or viens me voir, pour faire le lion ;

---

1. Revêtit.
2. Un peu.
3. Vermisseau.
4. Tirer de.

Et je mettrai peine, sens[1] et étude
D'être le rat, exempt d'ingratitude ;
75   J'entends, si Dieu te donne autant d'affaire[2] »
Qu'au grand lion : ce qu'il ne veuille faire.

L'ADOLESCENCE CLÉMENTINE, *1532-1534,*
« Épître à son ami Lion » (orthographe modernisée).

Guide de lecture

1. **Quelle est la fonction des quinze premiers vers ? Quel est le type de poésie que Marot refuse ? Sous quel prétexte ?**

2. **De quoi le poète veut-il convaincre son ami ? Sur quel épisode de la fable s'attarde-t-il ? En quoi le procédé est-il particulièrement habile ?**

3. **Quels procédés poétiques, quelles recherches sur le vocabulaire assurent la légèreté du ton ?**

---

1. Intelligence.
2. Embarras.

MAURICE SCÈVE *(1500 ?-vers 1562)*

POÈTE LYONNAIS. Maurice Scève apporte une contribution de premier ordre au renouvellement de l'expression poétique dans la première moitié du XVIe siècle. Il vécut à Lyon au moment où d'autres poètes, comme Louise Labé, contribuaient à faire de cette ville un centre poétique. Mais la vie de cet auteur, qui n'a signé aucune de ses œuvres, reste un peu mystérieuse. Activités mondaines et retraites studieuses s'y succèdent, laissant subsister de grandes zones d'ombre. D'origine noble, féru de littérature italienne, il se fait d'abord connaître en 1533 en croyant avoir découvert la tombe de Laure, la dame que le poète italien Pétrarque avait chantée dans son *Canzoniere*. Il s'illustre également l'année suivante en remportant la palme du concours de blasons (voir p. 271) lancé par Marot.

UN POÈTE « HERMÉTIQUE ». La première œuvre importante de Maurice Scève, qui est aussi son œuvre majeure, paraît en 1544 : *Délie, objet de plus haute vertu* assure, aujourd'hui encore, la célébrité du poète. Il s'agit d'un recueil de poésie amoureuse (447 dizains, poèmes de dix vers, en octosyllabes composés sur quatre rimes, précédés d'un huitain). Largement inspirée de Pétrarque, *Délie* constitue le premier *canzoniere* français : d'architecture complexe, accompagnée d'emblèmes (ensemble constitué d'un poème, d'une gravure et d'une devise), elle manifeste une conception particulièrement élevée non seulement de l'amour, nourri des conceptions néoplatoniciennes, mais aussi de l'expression poétique. Les poètes de la Pléiade lui rendront hommage, mais tout en reconnaissant l'importance de son œuvre et son caractère « précurseur », ils lui reprocheront son obscurité. À la fin de sa vie, Maurice Scève se consacre à la composition d'un grand poème philosophique, le *Microcosme,* publié en 1562 et rapidement tombé dans l'oubli.

DÉLIE (1544). On a pu reconnaître dans Pernette du Guillet, femme de lettres lyonnaise que Maurice Scève a aimée, la femme réelle qui a inspiré le recueil. Le paysage lyonnais, ses fleuves et ses « monts », sont présents dans la *Délie ;* ils servent ici de cadre concret au développement rhétorique du dizain : la force de l'amour est exprimée à travers la figure de l'adynaton, c'est-à-dire l'hyperbole, ou exagération, poussée jusqu'aux limites du possible.

« Plus tôt seront Rhône et Saône disjoints »

Plus tôt seront Rhône et Saône disjoints
Que d'avec toi mon cœur se désassemble :
Plus tôt seront l'un et l'autre Mont[1] joints
Qu'avecques[2] nous aucun discord[3] s'assemble :

---

1. Les deux collines qui encadrent la ville de Lyon, la Croix-Rousse et Fourvière.
2. Compte pour trois syllabes.
3. Désaccord.

5   Plus tôt verrons et toi et moi ensemble
Le Rhône aller contremont[1] lentement,
Saône monter très violentement,
Que ce mien feu, tant soit peu diminue,
Ni que ma foi décroisse aucunement.
10 Car, ferme amour, sans eux est plus que nu.

DÉLIE, *1544,*
dizain XVII (orthographe modernisée).

Guide de lecture

1. **Commentez la structure syntaxique du poème. Par quoi est-elle ponctuée ? Quel effet produit-elle ?**

2. **Relevez l'ensemble des procédés qui traduisent le caractère indissoluble du lien qui unit les deux amants.**

---

1. Remonter vers l'amont, c'est-à-dire vers sa source.

LOUISE LABÉ *(vers 1524-1566)*

LA BELLE CORDIÈRE. Louise Labé est une des figures marquantes de la Renaissance lyonnaise. Fille puis épouse d'un artisan cordier, ce qui lui vaudra le surnom de « la Belle Cordière », elle reçoit une formation musicale poussée et une éducation moderne qui la familiarise avec la littérature et la culture italiennes.

ŒUVRES (1555). L'œuvre de Louise Labé tient en un seul volume qui rassemble un texte en prose, le *Débat de Folie et d'Amour,* trois *Élégies* et vingt-quatre sonnets. Pourtant, sa parution, en 1555, constitue un véritable événement littéraire. L'amour est l'unique sujet, mais il est traité avec une grande originalité. Si l'influence de Pétrarque et de Maurice Scève est indéniable, c'est cette fois la femme qui exprime avec violence la force du désir et de la passion ; c'est elle qui revendique, pour elle et pour ses semblables qu'elle invite à « élever un peu leurs esprits par-dessus leurs quenouilles et fuseaux », l'accès au savoir et l'enthousiasme de la fureur poétique.

La liberté de cette parole poétique, l'assimilation trop sommaire que les contemporains n'ont pas manqué de faire entre la personne réelle et la voix qui s'exprime dans les poèmes ont valu à Louise Labé une réputation injustifiée de courtisane, au sens péjoratif de femme de petite vertu. Son œuvre, qui chante les souffrances de l'amante, n'est ni une simple déploration autobiographique ni une pure élaboration rhétorique, mais une véritable création poétique.

Dans les premiers vers de sa première élégie, Louise Labé se justifie à la fois comme poète et comme femme en s'inscrivant dans une tradition illustre : elle sera une nouvelle Sapho, cette poétesse grecque, née dans l'île de Lesbos au début du VIe siècle avant J.-C., et dont on venait de redécouvrir l'œuvre.

« Ô doux archer, adoucis-moi la voix »

Au temps qu'Amour, d'hommes et Dieux
[vainqueur,
Faisait brûler de sa flamme mon cœur,
En embrasant de sa cruelle rage
Mon sang, mes os, mon esprit et courage :
5   Encore lors je n'avais la puissance
De lamenter[1] ma peine et ma souffrance.
Encore Phébus, ami des Lauriers verts[2]
N'avait permis que je fasse des vers :
Mais maintenant que sa fureur divine
10   Remplit d'ardeur ma hardie poitrine,
Chanter me fait, non les bruyants tonnerres
De Jupiter, ou les cruelles guerres,
Dont trouble Mars[3], quand il veut, l'Univers.
Il m'a donné la lyre, qui les vers
15   Soulait[4] chanter de l'Amour Lesbienne[5] :

---

1. Déplorer.
2. Phébus Apollon, dieu du Soleil, avait pour emblème le laurier.
3. Dieu de la Guerre.
4. Avait l'habitude de.
5. L'amour chanté par Sapho, qui habitait l'île de Lesbos.

Et à ce coup pleurera de la mienne.
Ô doux archer, adoucis-moi la voix,
Qui pourrait fendre et aigrir quelquefois
En récitant tant d'ennuis et douleurs
20   Tant de dépits fortunes et malheurs.
Trempe[1] l'ardeur dont jadis mon cœur tendre
Fut en brûlant demi réduit en cendre.

Œuvres, *1555,*
« *Élégies* » *I, v. 1 à 23 (orthographe modernisée).*

---

1. Modère.

Guide de lecture
....

1. Quelle est dans ce poème la fonction dévolue à la poésie ?

2. Quels sont les termes qui désignent l'inspiration ?

Les sonnets chantent, souvent avec fureur, les ravages et les souffrances de la passion destructrice.

« Crier me faut mon mal »

Claire Vénus[1], qui erres par les Cieux,
Entends ma voix qui en plaints[2] chantera,
Tant que ta face au haut du Ciel luira,
Son long travail et souci ennuyeux[3].

---

1. La planète Vénus.
2. Plaintes.
3. Ces trois termes sont à prendre au sens fort, respectivement : souffrance, affliction, douloureux.

5 Mon œil veillant s'attendrira bien mieux,
Et plus de pleurs te voyant jettera.
Mieux mon lit mol de larmes baignera[1],
De ses travaux voyant témoins tes yeux.

Donc des humains sont les lassés esprits
10 De doux repos et de sommeil épris.
J'endure mal tant que le Soleil luit :

Et quand je suis quasi toute cassée,
Et que me suis mise en mon lit lassée,
Crier me faut mon mal toute la nuit.

ŒUVRES, *1555,*
« Sonnets », V, (orthographe modernisée).

Guide de lecture

1. **Étudiez la composi-
tion du poème. Com-
ment les thèmes
sont-ils répartis entre
les quatrains et les
tercets ?**

2. **Comment s'exprime
l'opposition entre la
nuit et le jour ?**

---

1. Le sujet du verbe est toujours « l'œil veillant ».

DU BELLAY (1522-1560)

LE MANIFESTE DE LA NOUVELLE POÉSIE. Joachim du Bellay
naît et grandit dans cet Anjou dont il chantera plus tard
la douceur. Sa vocation poétique est déjà née lorsqu'en
1547 il rencontre Ronsard et l'accompagne à Paris pour
poursuivre ses études au collège de Coqueret. Ils y
suivent côte à côte l'enseignement de Jean Dorat (1508-
1588), grand helléniste, humaniste fervent, qui initie ses
élèves à la poésie grecque et latine et leur fait partager
sa passion pour l'Antiquité. C'est là qu'ils acquerront une
véritable culture humaniste. C'est là aussi que se constitue le groupe de la Pléiade. Du Bellay est le premier à
faire paraître des œuvres importantes : la *Défense et
illustration de la Langue française*, un recueil de *Vers
lyriques* et l'*Olive, canzoniere* à la manière de Pétrarque
paraissent la même année (1549). Son œuvre se poursuit, mais le poète est atteint d'une grave maladie qui le
condamne, comme Ronsard, à la surdité.

L'EXIL ROMAIN. En 1553, sa vie connaît un tournant
décisif : il part pour Rome comme secrétaire de son
oncle le cardinal Jean du Bellay. Mais ce qui s'annonçait
comme la réalisation du rêve de tout humaniste sera
vécu comme un véritable exil de quatre années. Rome le
déçoit profondément, ses fonctions auprès de son oncle
l'accablent d'ennui et de dégoût. Il s'adonne plus que
jamais à la poésie et rapporte de son voyage quatre
recueils qui paraissent en 1558 ; deux d'entre eux, d'une
étonnante modernité, déclinent sur tous les modes le

thème de la désillusion : les *Regrets* et le premier livre des *Antiquités de Rome.* Il publie encore quelques poèmes avant de mourir à l'âge de trente-sept ans.

DÉFENSE ET ILLUSTRATION DE LA LANGUE FRANÇAISE (1549). C'est une œuvre de combat et un double manifeste : une première partie plaide en faveur de la langue nationale, le « vulgaire » ; une seconde définit la tâche du nouveau poète. Ces deux aspects sont indissolublement liés pour un membre de la jeune Pléiade. Seul le poète, investi d'une mission quasi patriotique, pourra « illustrer », c'est-à-dire enrichir, une langue encore en enfance.

« Notre langue, qui commence encore à fleurir... »

E t si notre langue n'est si copieuse et riche que la grecque ou latine, cela ne doit être imputé au défaut d'icelle[1], comme si d'elle-même elle ne pouvait jamais être sinon pauvre et stérile : mais bien on
5 le doit attribuer à l'ignorance de nos majeurs[2], qui ayant (comme dit quelqu'un, parlant des anciens Romains) en plus grande recommandation le bien faire que le bien dire, et mieux aimant laisser à leur postérité les exemples de vertu que les préceptes, se
10 sont privés de la gloire de leurs bienfaits, et nous du

1. Celle-ci.
2. Nos ancêtres.

fruit de l'imitation d'iceux[1] : et par même moyen nous ont laissé notre langue si pauvre et nue qu'elle a besoin des ornements et (s'il faut ainsi parler) des plumes d'autrui. Mais qui voudra dire que la
15 grecque et romaine eussent toujours été en l'excellence qu'on les a vues du temps d'Homère et de Démosthène[2], de Virgile et de Cicéron ? Et si ces auteurs eussent jugé que jamais, pour quelque diligence et culture qu'on y eût pu faire[3], elles
20 n'eussent su produire plus grand fruit, se fussent-ils tant efforcés de les mettre au point où nous les voyons maintenant ?

Ainsi puis-je dire que notre langue, qui commence encore à fleurir sans fructifier, ou plutôt,
25 comme une plante et vergette[4], n'a point encore fleuri, tant se faut qu'elle ait apporté tout le fruit qu'elle pourrait bien produire. Cela, certainement non pour le défaut de la nature d'elle, aussi apte à engendrer que les autres : mais pour la coulpe[5] de
30 ceux qui l'ont eue en garde et ne l'ont cultivée à suffisance, ainsi comme une plante sauvage, en celui même désert où elle avait commencé à naître, sans jamais l'arroser, la tailler, ni défendre des ronces et épines qui lui faisaient ombre, l'ont laissée envieillir
35 et quasi mourir.

Défense et illustration de la langue française, *1549*,
livre premier, chapitre III, (orthographe modernisée).

---

1. Ceux-ci.
2. Le plus grand des orateurs grecs de l'Antiquité.
3. Quel que soit le soin qu'on lui ait apporté.
4. Petite branche.
5. La faute.

Guide de lecture
....

1. Comment s'explique, selon le poète, la pauvreté de la langue française qu'il constate.

2. À quoi la langue est-elle comparée ? En quoi cette comparaison est-elle justifiée ?

Dans le chapitre suivant, situé dans la seconde partie de l'ouvrage, du Bellay énonce un des points essentiels de la doctrine de la Pléiade : le bon poète est celui qui associe des dons naturels à la « doctrine », c'est-à-dire au savoir acquis par une longue étude. Il réfute ici les objections qu'on pourrait lui faire.

« Qui veut voler par les mains et bouches des hommes »

Qu'on ne m'allègue point ici quelques-uns des nôtres[1], qui, sans doctrine, à tout le moins non autre que médiocre, ont acquis grand bruit en notre vulgaire. Ceux qui admirent volontiers les petites choses et déprisent[2] ce qui excède leur jugement en feront tel cas qu'ils voudront, mais je sais bien que les savants ne les mettront en autre rang que de ceux qui parlent bien français, et qui ont, comme disait Cicéron des anciens auteurs romains,

---

1. Marot et son « école ».
2. Méprisent.

10 bon esprit, mais bien peu d'artifice[1]. Qu'on ne m'allègue point non plus que les poètes naissent[2], car cela s'entend[3] de cette ardeur et allégresse d'esprit qui naturellement excite les poètes, et sans laquelle toute doctrine leur serait manque[4] et inutile. Cer-

15 tainement ce serait chose trop facile, et pourtant contemptible[5], se faire éternel par renommée, si la félicité de nature, donnée même aux plus indoctes[6], était suffisante pour faire chose digne de l'immortalité. Qui veut voler par les mains et bouches des

20 hommes doit longuement demeurer en sa chambre ; et qui désire vivre en la mémoire de la postérité doit, comme mort en soi-même, suer et trembler maintes fois et, autant que nos poètes courtisans boivent, mangent et dorment à leur aise, endurer de faim, de

25 soif, et de longues vigiles[7]. Ce sont les ailes dont les écrits des hommes volent au ciel.

Défense et illustration de la langue française, 1549,
livre second, chapitre III.

Guide de lecture
••

1. Quelle image du poète se dégage de ce passage ? Sur quel ton est-elle présentée ?

2. Quel est le but essentiel que le poète cherche à atteindre ?

---

1. Bien peu d'art.
2. Référence à un adage : « le poète naît mais l'orateur se fait ».
3. Se comprend.
4. Incomplète.
5. Méprisable.
6. Ignorants.
7. Veilles.

LES REGRETS (1558).   Du Bellay associe dans ce recueil la déploration lyrique (voir p. 271) que lui inspire le sentiment de l'exil et la satire du monde romain dont il découvre les travers et les vices ; il allègue l'exemple et l'autorité du grand poète latin Horace pour revendiquer le choix d'un style humble et bas et pour imposer une inspiration qu'il sait profondément nouvelle. Il choisit enfin une forme généralement réservée à la poésie amoureuse, celle du sonnet, poème de quatorze vers de longueur identique, répartis entre deux quatrains et deux tercets (liés par la rime, les tercets peuvent également être lus comme un sizain).

Dans le premier sonnet du recueil, du Bellay définit sa propre poétique : loin de rechercher la poésie savante prônée par la Pléiade, préconisée même dans la *Défense et illustration,* il annonce ici un art de la confidence à la fois simple et intime. L'exil, que le poète ne cesse de déplorer, permet un profond renouvellement de l'écriture.

« J'écris à l'aventure »

Je ne veux point fouiller au sein de la nature,
Je ne veux point chercher l'esprit de l'univers,
Je ne veux point sonder les abîmes couverts[1],
Ni desseigner[2] du ciel la belle architecture.

---

1. Cachés.
2. Dessiner.

5   Je ne peins mes tableaux de si riche peinture,
Et si hauts arguments ne recherche à mes vers :
Mais suivant de ces lieux les accidents[1] divers,
Soit de bien, soit de mal, j'écris à l'aventure.

Je me plains à mes vers, si j'ai quelque regret :
10   Je me ris avec eux, je leur dis mon secret,
Comme étant de mon cœur les plus sûrs secrétaires.

Aussi ne veux-je tant les pigner[2] et friser,
Et de plus braves noms ne les veux déguiser
Que de papiers journaux ou bien de commentaires.

Les Regrets, *1558,*
sonnet I (orthographe modernisée).

———————————

1. Événements.
2. Peigner.

Guide de lecture

I. **Quel est l'effet produit par l'accumulation de formules négatives à l'ouverture du recueil ?**
2. **Étudiez la syntaxe et la prosodie (voir p. 271)** des vers 7 à 11. Par quels procédés du Bellay parvient-il à rendre sensible au lecteur la légèreté de son inspiration ?

L'exil géographique s'accompagne du sentiment d'un exil poétique : l'éloignement dans l'espace apparaît comme l'image d'un éloignement plus profond qui sépare le poète de son inspiration.

« Et les Muses, de moi,
comme étranges, s'enfuient »

Las où est maintenant ce mépris de Fortune[1] ?
Où est ce cœur vainqueur de toute adversité.
Cet honnête désir de l'immortalité.
Et cette honnête flamme au peuple non commune ?

5   Où sont ces doux plaisirs, qu'au soir sous la nuit
                              [brune
Les Muses me donnaient, alors qu'en liberté
Dessus le vert tapis d'un rivage écarté
Je les menais danser aux rayons de la lune ?

Maintenant la Fortune est maîtresse de moi,
10 Et mon cœur qui soulait[2] être maître de soi,
Est serf de mille maux et regrets qui m'ennuient[3].

De la postérité je n'ai plus de souci,
Cette divine ardeur, je ne l'ai plus aussi,
Et les Muses de moi, comme étranges[4], s'enfuient.

LES REGRETS, <i>1558,</i>
sonnet VI (orthographe modernisée).

---

1. Divinité qui régit, selon les caprices du hasard, la destinée des hommes.
2. Avait l'habitude.
3. Me tourmentent.
4. Étrangères.

1. Étudiez la composition du sonnet qui précède (rapports thématiques et poétiques entre les strophes).

2. En quoi ce poème peut-il être rattaché au thème de l'exil ?

3. Étudiez le rythme du vers 14.

LES ANTIQUITÉS DE ROME (1558). Dans cet autre recueil de poésies « romaines », du Bellay poursuit, dans un style élevé cette fois, une longue méditation sur la grandeur et la décadence de Rome.

« Comme le champ semé en verdure foisonne »

Comme le champ semé en verdure foisonne,
De verdure se hausse en tuyau verdissant,
Du tuyau se hérisse en épi florissant[1],
D'épi jaunit en grain, que le chaud assaisonne[2]

5   Et comme en la saison le rustique[3] moissonne
Les ondoyants cheveux du sillon blondissant,
Les met d'ordre en javelle[4], et du blé jaunissant
Sur le champ dépouillé mille gerbes façonne ;

––––––––––––––––

1. Fleurissant (sens propre).
2. Fait mûrir.
3. Le paysan.
4. Poignée de blé coupé.

Ainsi de peu à peu crût l'empire romain,
10 Tant qu'il[1] fut dépouillé par la barbare main,
Qui ne laissa de lui que ces marques antiques

Que chacun va pillant, comme on voit le glaneur,
Cheminant pas à pas, recueillir les reliques[2]
De ce qui va tombant après le moissonneur.

Les Antiquités de Rome, *1558,*
sonnet XXX (orthographe modernisée).

Guide de lecture

1. **Précisez les termes et les étapes du développement de la comparaison « filée » dans ce sonnet.**

2. **Par quels procédés le poète parvient-il à susciter l'émotion du lecteur ?**

---

1. Jusqu'à ce qu'il.
2. Restes, vestiges.

RONSARD　　　　　*(1524-1585)*

La formation du page.   Ronsard, sacré prince des poètes dès le début de sa carrière, chef de file incontesté de la Pléiade, se plaira à évoquer avec nostalgie son enfance solitaire, qui vit s'éveiller, loin de Paris, dans son Vendômois natal, une vocation poétique précoce.

Pourtant, né dans une famille noble, d'un père qui occupe la charge de maître d'hôtel des enfants de France, il fut d'abord destiné très sérieusement à la carrière des armes et de la diplomatie. À partir de 1536, il est attaché comme page auprès des enfants de François Ier. Il voyage, s'initie à la vie de cour. Mais, en 1541, il est atteint de surdité et la carrière des armes lui est brutalement fermée. Son père lui fait alors recevoir la tonsure afin qu'il puisse vivre de bénéfices ecclésiastiques.

La formation poétique.   Mais Ronsard envisage surtout une carrière poétique. Il est encouragé dans cette voie par plusieurs rencontres, celle du poète Peletier du Mans (1517-1582), qui lit avec enthousiasme ses premières œuvres, celle du jeune Antoine de Baïf (1532-1586), fils d'un grand humaniste et déjà fin lettré, avec qui il se lie d'amitié. À Paris, il suit, chez le père de Baïf, l'enseignement de Jean Dorat. Lorsque Dorat est nommé principal du collège de Coqueret (1548), ses étudiants l'y suivent. Ronsard reçoit alors sa véritable formation littéraire. Il rassemble autour de lui les jeunes auteurs de la Brigade, la future Pléiade.

LE TRIOMPHE DU POÈTE. Ronsard fait paraître son premier recueil en 1550 : les quatre premiers livres des *Odes* retentissent, un an après la publication de la *Défense et illustration de la langue française,* comme un manifeste virulent de la nouvelle poésie. Ensuite les publications se succèdent à un rythme rapide : *Amours ; Odes* (livre V) en 1552 ; *Hymnes,* publiés de 1555 à 1564 ; *Continuation* et *Nouvelle Continuation des Amours,* en 1555-1556. L'œuvre de Ronsard, extrêmement féconde, se caractérise par sa variété et par la recherche constante du renouvellement. Renouvellement de sa poésie amoureuse, de ses sources d'inspiration, des formes auxquelles il a recours. En 1560 paraît la première édition de ses œuvres. Elle sera suivie de quatre autres : le poète ne cesse d'enrichir, de corriger, de restructurer ses recueils.

ENGAGEMENT ET RETRAIT. Après avoir approché son rêve d'une complicité entre le poète et le prince pendant le règne de Charles IX, après s'être engagé dans les luttes religieuses aux côtés des catholiques (*Discours sur les misères de ce temps,* 1562 et 1563), enfin, après avoir donné les premiers livres de *la Franciade* (1572), l'épopée française tant attendue, Ronsard s'éloigne de la cour. En 1578, il met au point la cinquième édition des *Œuvres,* comprenant les *Sonnets pour Hélène.* Il meurt en 1585 dans son prieuré de Saint-Cosme en composant ses *Derniers Vers,* qui seront publiés l'année suivante

ODES, LIVRES I À V. (1550). Avec le premier recueil des *Odes*, Ronsard entend restituer à la poésie et au poète toute leur dignité antique, et ouvrir une nouvelle ère littéraire. L'imitation savante des Anciens (Pindare, Vᵉ siècle avant J.-C. ; Horace, Iᵉʳ siècle avant J.-C.), le choix de la langue française, la célébration lyrique des grands de ce monde ou de la réalité plus familière, voilà ce qui caractérise cette poésie strophique destinée au chant.

L'ode suivante est une illustration du ton impétueux et impérieux que Ronsard aime à emprunter dans ses premières œuvres.

À sa Muse

    Grossis-toi ma Muse Françoise [1],
Et enfante un vers résonant,
Qui bruie [2] d'une telle noise [3]
Qu'un fleuve débordant, tonnant,
5   Alors qu'il saccage et emmène,
Pillant de son flot sans merci,
Le trésor de la riche plaine,
Le bœuf et le bouvier aussi.
    Et fais voir aux yeux de la France
10 Un vers qui soit industrieux [4],
Foudroyant la vieille ignorance
De nos pères peu curieux.

---

1. Française.
2. Bruisse.
3. Bruit.
4. Ingénieux.

Ne suis ni le sens ni la rime,
Ni l'art, du moderne ignorant,
15 Bien que le vulgaire l'estime,
Et en béant l'aille adorant.

Sus donque[1] l'envie surmonte,
Coupe la tête à ce serpent,
Par tel chemin au ciel on monte,
20 Et le nom au monde s'épend[2].

ODES, *1550*,
livre II, XXI (orthographe modernisée).

---

1. Allons donc.
2. Le nom (du poète) se répand dans le monde.

Guide de lecture

1. Relevez, étudiez et commentez les métaphores qui expriment l'effet que doivent produire les vers.

2. Commentez la strophe 4 : quel « art poétique » propose-t-elle ?

AMOURS (1552). Ce recueil, d'un style élevé et pétrarquisant, célèbre la belle Cassandre : figure poétique nourrie de références multiples, et inspirée, dans la réalité, par Cassandre Salviati, une jeune fille noble d'origine italienne que Ronsard a rencontrée à Blois.

Dans le sonnet suivant, c'est un épisode de la guerre de Troie, rapporté dans l'*Iliade* d'Homère, qui sert à évoquer l'instant de l'*inamoramento* pétrarquiste (la naissance de l'amour).

« Je ne suis point, ma guerrière Cassandre »

Je ne suis point ma guerrière Cassandre[1],
Ne[2] Myrmidon, ne Dolope[3] soudard[4],
Ne cet Archer[5], dont l'homicide dard
Occit[6] ton frère, et mit ta ville en cendre.

5 En ma faveur pour esclave te rendre
Un camp armé d'Aulide[7] ne départ[8],
Et tu ne vois aux pieds de ton rempart
Pour t'emmener mille barques descendre.

Mais bien je suis ce Chorèbe[9] insensé,
10 Qui pour t'amour[10] ai le cœur offensé,
Non de la main du Grégeois[11] Penclée :

Mais de cent traits qu'un Archerot[12] vainqueur
Par une voie en mes yeux recélée,
Sans y penser me ficha dans le cœur.

Amours, *1552,*
XVI *(orthographe modernisée).*

---

1. Cassandre Salviati est assimilée à la fille du prince troyen Priam.
2. Ni.
3. Noms de peuples grecs qui participèrent à la guerre de Troie.
4. Soldat.
5. Philoctète, qui tua Pâris, frère de Cassandre.
6. Tua.
7. Aulis, en Aulide, est le port de Béotie où la flotte grecque s'est réunie pour partir assiéger Troie.
8. Ne part.
9. Amant de Cassandre qui vint en aide à Priam et fut tué par Pénelée.
10. Pour l'amour de toi.
11. Du grec Pénélée.
12. Le dieu Amour, armé d'un arc et de flèches.

Guide de lecture

1. **Quelle conception de la poésie révèle la référence à la légende homérique ?**

2. **Comment l'assimilation de l'amour à un épisode guerrier est-elle développée ?**

CONTINUATION DES AMOURS (1555).   Dans ce nouveau recueil, le poète change à la fois de style et d'amour : pour célébrer Marie, la jeune paysanne de Bourgueil, il adopte un langage poétique plus simple, un style plus « bas » et l'alexandrin (vers de 12 syllabes). La femme aimée est avant tout un sujet poétique, une incitation à l'expérimentation créatrice. C'est ce que Ronsard souligne lui-même dans le dernier sonnet du recueil :
« Marie, tout ainsi que vous m'avez tourné
Mon sens, et ma raison, par votre voix subtile,
Ainsi m'avez tourné mon grave et premier style
Qui pour chanter si bas n'était pas destiné [...] »
    Marie, c'est d'abord un nom qui s'offre aux jeux du langage et de la rhétorique amoureuse. Tout le poème semble ici se développer à partir de l'anagramme initiale : les lettres du nom « Marie » permettent de composer le verbe « aimer ».

« Marie, qui voudrait votre beau nom tourner »

Marie, qui voudrait votre beau nom tourner,
Il trouverait Aimer : aimez-moi donc, Marie,
Faites cela vers moi dont votre nom vous prie,
Votre amour ne se peut en meilleur lieu donner :

5 S'il vous plaît pour jamais un plaisir demener[1],
Aimez-moi, nous prendrons les plaisirs de la vie,
Pendus l'un l'autre au col[2], et jamais nulle envie
D'aimer en autre lieu ne nous pourra mener.

Si[3] faut-il bien aimer au monde quelque chose :
10 Celui qui n'aime point, celui-là se propose
Une vie d'un Scyte[4], et ses jours veut passer

Sans goûter la douceur des douceurs la meilleure.
Hé ! Qu'est-il rien de doux sans Vénus ? las ! à
                       [l'heure
Que je n'aimerai point, puissé-je trépasser !

Continuation des Amours, *1555,*
« *Amours de Marie* », *sonnet VII (orthographe modernisée).*

Guide de lecture
••

I. **En comparant ce
sonnet au poème pré-
cédent, dites en quoi
consiste la simplicité
de cette poésie
amoureuse ?**

2. **Quelle conception de
l'amour se manifeste
ici ? Sur quelle morale
est-elle fondée ?**

---

1. Ressentir.
2. Cou.
3. Pourtant.
4. Scythe, peuple qui symbolise la barbarie dans l'Antiquité.

JODELLE   *(vers 1532-1573)*

LE PREMIER AUTEUR TRAGIQUE FRANÇAIS.   Membre quelque peu marginal de la Pléiade, Étienne Jodelle est avant tout l'auteur d'une œuvre théâtrale importante qui marque un tournant dans l'histoire littéraire.

Né à Paris vers 1532 dans une famille bourgeoise aisée, il fréquente le collège de Boncourt, où enseigne Marc-Antoine Muret, grand humaniste. Dès 1552, il fait représenter, dans un collège, sa première œuvre théâtrale, *Eugène ou la Rencontre*, une comédie. L'année suivante, il compose *Cléopâtre captive*, une tragédie qui connaît deux représentations retentissantes : la première à l'Hôtel de Reims, devant le roi et la cour ; la seconde au collège de Boncourt, devant un public nombreux d'étudiants et d'hommes de lettres. Jodelle tire un profit immédiat de ce succès : il se voit ouvrir les portes de la cour et entre dans le groupe de la Pléiade. Tous ont reconnu en lui le restaurateur du théâtre à l'antique et le premier auteur tragique français.

UNE ŒUVRE POSTHUME.   Étant donné l'ampleur de ce premier succès, remporté à l'âge de vingt ans, la suite de la carrière de Jodelle est surprenante. Sa vie, comme son œuvre, est remplie de grandes zones d'ombre et de retournements dramatiques (parmi lesquels l'échec d'un spectacle festif donné pour le roi en 1558) qui aboutissent à une mort misérable en 1573. L'auteur ne s'est pas soucié de publier ses écrits, dont un grand nombre a été perdu ; des autres pièces qu'il a pu composer, seule la tragédie *Didon se sacrifiant* (écrite vers 1565) a été conservée. Il reviendra à son ami Charles de La Mothe de réunir et de publier en 1574 ce qu'il aura pu sauver du naufrage dans les *Œuvres et Mélanges poétiques* d'Étienne Jodelle. On y découvre la poésie satirique et amoureuse de l'auteur.

CLÉOPÂTRE CAPTIVE (1553). Première tragédie française à sujet profane, *Cléopâtre captive* développe une action très réduite. Essentiellement inspirée par la *Vie d'Antoine* de l'auteur grec Plutarque, elle s'étend sur cinq actes et se situe en Égypte. Toute la pièce est centrée sur la complainte de Cléopâtre qui s'apprête à mourir : elle s'accuse de la mort d'Antoine, qu'elle veut rejoindre au royaume des ombres, et refuse de servir au triomphe (voir note 2 p. 167) d'Octave, dont elle est la captive. La tragédie est donc essentiellement lyrique (voir p. 271). Elle se présente comme un long poème qui utilise une variété exceptionnelle de mètres (longueur de vers). Dialogues et monologues sont ponctués par les interventions du chœur, groupe de personnages anonymes qui, sur le modèle de la tragédie grecque antique, commentent l'action. Ces interventions reprennent, sur le mode de la déploration, le thème majeur de la pièce : l'inconstance de la fortune et de la destinée humaine.

À la fin de l'acte IV, Cléopâtre s'avance vers le tombeau d'Antoine et, dans un dernier monologue, elle s'adresse à l'amant qu'elle va rejoindre dans la mort. Ses deux suivantes, Éras et Charmium, et le chœur l'accompagnent.

« Antoine, ô cher Antoine ! »

CLÉOPÂTRE

Antoine, ô cher Antoine ! Antoine ma moitié !
Si Antoine n'eût eu des cieux l'inimitié,
Antoine, Antoine hélas ! dont le malheur me prive,
Entends la faible voix d'une faible captive,
5   Qui de ses propres mains avait la cendre mise
Au clos de ce tombeau n'étant encore prise ;
Mais qui prise et captive, à son malheur guidée,
Sujette et prisonnière en sa ville gardée,
Ore te sacrifie et non sans quelque crainte
10   De faire trop durer en ce lieu ma complainte,
Vu qu'on a l'œil sur moi, de peur que la douleur
Ne face[1] par la mort la fin de mon malheur,
Et à fin que mon corps de sa douleur privé
Soit au Romain triomphe[2] en la fin réservé.
15   Triomphe, dis-je, las ! qu'on veut orner de moi,
Triomphe, dis-je, las ! que l'on fera de toi.
Il ne faut plus desor[3] de moi que tu attendes
Quelques autres honneurs, quelques autres
                                        [offrandes.
L'honneur que je te fais, l'honneur dernier sera
20   Qu'à son Antoine mort Cléopâtre fera.
Et bien que, toi vivant, la force et violence
Ne nous ait point forcé d'écarter l'alliance
Et de nous séparer, toutefois je crains fort

---

1. Fasse.
2. On désignait par ce terme, dans l'Antiquité romaine, les honneurs rendus à un général victorieux lors de son entrée solennelle dans la ville.
3. Désormais.

Que nous nous séparions l'un de l'autre à la mort,

25 Et qu'Antoine Romain en Égypte demeure,

Et moi Égyptienne dedans Rome je meure[1].

Mais si les puissants Dieux ont pouvoir en ce lieu

Où maintenant tu es, fais, fais que quelque dieu

Ne permette jamais qu'en m'entraînant d'ici

30 On triomphe de toi en ma personne ainsi ;

Ains[2] que ce tien cercueil, ô spectacle piteux

De deux pauvres amants, nous racouple[3] tous deux,

Cercueil qu'encore un jour l'Égypte honorera,

Et peut-être à nous deux l'épitaphe sera :

35 « Ici sont deux amants qui heureux en leur vie

D'heur[4] d'honneur, de liesse ont leur âme assouvie :

Mais en fin tel malheur on les vit encourir,

Que le bonheur des deux fut de bien tôt mourir ».

Recois, reçois-moi donc avant que César parte,

40 Que plutôt mon esprit que mon honneur s'écarte,

Car entre tout le mal, peine, douleur, encombre,

Soupirs, regrets, soucis que j'ai soufferts sans

[nombre,

J'estime le plus grief[5] ce bien petit de temps

Que de toi, ô Antoine, éloigner je me sens.

CHŒUR

45 Voilà pleurant elle entre en ce clos des tombeaux.

Rien ne voient de tel les tournoyants flambeaux.

---

1. Octave s'apprête à regagner Rome en emmenant Cléopâtre.
2. Mais.
3. Réunisse.
4. Bonheur.
5. Douloureux.

ÉRAS

Est-il si ferme esprit qui presque ne s'envole
Au piteux écouter[1] de si triste parole ?

CHARMIUM

Ô cendre bienheureuse étant hors de la terre !
50   L'homme n'est point heureux tant qu'un cercueil
[l'enserre.

CHŒUR

Aurait donc bien quelqu'un de vivre telle envie
Qui ne voulut ici mépriser cette vie ?

CLÉOPÂTRE

Allons donc, chères sœurs, et prenons doucement
De nos tristes malheurs l'heureux allègement.

CLÉOPÂTRE CAPTIVE, *1553,*
acte IV, vers 1282 à 1334 (orthographe modernisée).

Guide de lecture
....

1. Par quels procédés poétiques s'exprime l'union des deux amants dans le monologue de Cléopâtre ?

2. Quelle est la fonction des répliques qui suivent le monologue ? Quel effet produisent-elles ?

---

1. En écoutant avec pitié.

Rabelais   *(1495 ?-1553)*

Une triple vocation.   Nous sommes très mal renseignés sur la vie de cette grande figure de la Renaissance française qu'est François Rabelais, humaniste, médecin, homme de lettres. Né à Chinon (en Touraine) d'un père avocat, Rabelais commence par entrer dans les ordres. Mais, qu'il soit franciscain à Fontenay-le-Comte (vers 1520) ou bénédictin à Maillezais (1524), il semble avant tout soucieux d'acquérir cette culture nouvelle qui est celle des humanistes : il apprend le grec, chose rare à cette date, acquiert des connaissances en droit, se lie avec des humanistes. C'est en tant que tel qu'il abordera toutes les activités de son existence future. Devenu médecin après avoir abandonné, sans autorisation, la vie monastique, Rabelais exerce sa profession à la fois comme praticien et comme traducteur dans la ville de Lyon (1532), haut lieu de diffusion des idées nouvelles : il soigne ses patients à l'hôtel-Dieu et édite des textes d'Hippocrate et de Galien, deux grands médecins de l'Antiquité. C'est cet homme savant qui, déguisé sous le pseudonyme d'Alcofribas Nasier (anagramme de François Rabelais), publie, vraisemblablement pour la foire de Lyon de septembre 1532, un livre populaire, *Pantagruel*. Le succès de ce petit roman inclassable est immédiat, mais l'ouvrage s'attire les foudres de la Sorbonne, sort que connaîtront également les quatre livres suivants.

Entré au service de Guillaume puis de Jean du Bellay, diplomates, il les accompagne dans leurs voyages, notamment à Rome. Il meurt à Paris en 1553.

LES AVENTURES DE DEUX GÉANTS.   L'œuvre littéraire de
Rabelais est centrée sur le récit des aventures de deux
géants, Pantagruel et son père Gargantua. Parmi les
compagnons humains des géants, elle accorde une
importance toute particulière à Panurge, ami insépa-
rable de Pantagruel.

L'œuvre se décompose de la manière suivante :
Pantagruel (1532), *Gargantua* (1534 ou 1535), le *Tiers
Livre* (1546) et le *Quart Livre* (1548, puis 1552 pour l'édition intégrale). À cela s'ajoute le *Cinquième Livre,* publié
après la mort de l'auteur, et dont l'authenticité n'est pas
certaine.

Si le projet que poursuit Rabelais évolue au fil du
temps, et si chaque roman possède ses caractéristiques
propres, l'ensemble de l'œuvre présente une certaine
unité. Cela tient peut-être avant tout à la relation qu'elle
établit avec son lecteur. Si riche et si complexe que soit
l'enseignement rabelaisien, il se fait par le truchement du
rire : le large éventail des registres et des procédés du
comique, la prolixité de l'invention verbale, l'affirmation
selon laquelle « le rire est le propre de l'homme », tout
manifeste qu'il occupe une place centrale dans l'œuvre
et dans la pensée de Rabelais.

Mais ce rire est celui d'un humaniste. Le géant de
Rabelais échappe au folklore et à la littérature dite
« populaire » dont il est issu. Il devient l'instrument
d'une lutte contre le Moyen Âge, symbole de tous les
obscurantismes. Ses aventures, faites surtout de voyages
et d'errances, permettent de le confronter aux grands
thèmes de la réflexion humaniste : l'éducation, la guerre,
le rôle du prince, la nature et les fonctions du langage.

Toutefois, l'œuvre de Rabelais n'est pas une œuvre à système. Libre dans sa composition, dans son écriture, elle l'est aussi dans sa pensée. Sans ignorer la difficulté de ce qu'elle propose, elle invite l'homme à l'élévation morale dans la liberté.

GARGANTUA (1534 OU 1535).   Dans un souci de cohérence, Rabelais place en tête de son œuvre le second de ses romans, celui qui est consacré au père de Pantagruel, Gargantua. Reprenant sur un mode parodique le schéma des romans médiévaux, Gargantua raconte l'enfance, l'éducation et les exploits du héros, à savoir sa lutte victorieuse contre le tyran Picrochole qui menace son royaume.

Le prologue du roman propose, sur un mode facétieux, une méthode de lecture : par une série de comparaisons, il invite le lecteur à rechercher le « plus haut sens » caché à l'intérieur de la fable comique. Voici l'une de ces comparaisons.

« La substantifique moelle »

N' avez-vous jamais attaqué une bouteille au tire-bouchon ? Nom d'un chien ! Rappelez-vous la contenance que vous aviez. Et n'avez-vous jamais vu un chien rencontrant un os à moelle ?
5 C'est, comme dit Platon au livre II de *la République,* la bête la plus philosophe du monde. Si vous en avez vu un, vous avez pu remarquer avec quelle dévotion

il guette son os, avec quel soin il le garde, avec quelle
ferveur il le tient, avec quelles précautions il l'en-
tame, avec quelle passion il le brise, avec quelle diligence il le suce. Quel instinct le pousse ? Qu'es-
père-t-il de son travail, à quel fruit prétend-il ? À
rien, qu'à un peu de moelle. Il est vrai que ce peu est
plus délicieux que le beaucoup de toute autre chose,
parce que la moelle est un aliment élaboré à force de
perfection naturelle, ainsi que le dit Galien au livre
III des *Facultés naturelles* et au livre XI de l'*Usage des
parties du corps.*

À l'instar de ce chien, il convient que vous soyez
sagaces pour humer, sentir et apprécier ces beaux
livres de haute graisse, légers à la poursuite et hardis
à l'attaque, puis il vous faut, par une lecture atten-
tive et de fréquentes méditations, rompre l'os et su-
cer la substantifique moelle (c'est-à-dire ce que je
représente par ces symboles pythagoriques [1]) avec le
ferme espoir de devenir avisés et vertueux au gré de
cette lecture : vous y trouverez un goût plus subtil et
une philosophie cachée qui vous révèlera de très
hauts arcanes [2] et d'horrifiques mystères tant pour
ce qui concerne notre religion que pour ce qui est de
la conjoncture politique et de la gestion des affaires.

GARGANTUA, *texte de 1542,
prologue, édité et traduit par G. Demerson, Seuil, 1973.*

---

1. Pythagoriciens, à la manière de Pythagore dont les symboles étaient
considérés comme les éléments d'une science initiatique.
2. Secrets.

Guide de lecture
....

**1. Dans l'extrait pré-
cédent, quel est l'effet
produit par la compa-
raison du lecteur avec
le chien ?**

**2. Définissez le ton de
ce passage. Pourquoi ce
« pacte de lecture »
n'est-il pas entièrement
sérieux ?**

Le récit de l'enfance du géant Gargantua est l'occasion
d'une satire de l'éducation médiévale. Les résultats ob-
tenus par le premier précepteur du géant, Tubal Ho-
lopherne, sont désastreux. Voici avec quelles habitudes
Gargantua arrive à Paris, chez son nouveau précepteur
Ponocrates.

« Ainsi l'avaient ordonné ses régents antiques »

Il dispensait donc son temps en telle façon que
ordinairement il s'éveillait entre huit et neuf
heures, fût jour ou non ; ainsi l'avaient ordonné ses
régents antiques, alléguant ce que dit David : *Vanum*
5   *est vobis ante lucem surgere*[1].

Puis se gambayait, penadait et paillardait[2] parmi
le lit quelque temps pour mieux ébaudir[3] ses esprits

_____

1. « Il est vain de vous lever avant le jour ». Phrase en latin, tirée d'un
Psaume mais habilement tronquée pour justifier la paresse.

2. Gambadait, sautillait, se vautrait.

3. Réjouir.

animaux[1] ; et s'habillait selon la saison, mais volontiers portait-il une grande et longue robe de grosse
frise[2] fourrée de renards ; après se peignait du
peigne d'Almain[3], c'était des quatre doigts et le
pouce, car ses précepteurs disaient que soi autrement peigner, laver et nettoyer était perdre temps en
ce monde.

Puis fientait, pissait, rendait sa gorge, rotait, pé-
tait, crachait, toussait, sanglotait, éternuait et se
morvait en archidiacre[4], et déjeunait pour abattre la
rosée et mauvais air : belles tripes frites, belles char-
bonnades[5], beaux jambons, belles cabirotades[6], et
force soupes de prime[7].

Ponocrates lui remontrait que tant soudain ne de
vait repaître au partir du lit sans avoir premièrement
fait quelque exercice. Gargantua répondit :

« Quoi ! N'ai-je fait suffisant exercice ? Je me suis
vautré six ou sept tours parmi le lit devant que me
lever. Ne est-ce assez ? Le pape Alexandre ainsi faisait, par le conseil de son médecin juif, et vécut
jusques à la mort en dépit des envieux. Mes premiers maîtres m'y ont accoutumé, disant que le dé-

---

1. Selon l'ancienne physique, corpuscules contenus dans les nerfs et qui permettent la perception et le mouvement.

2. Grosse laine frisée.

3. Professeur à la Sorbonne à la fin du XVᵉ siècle.

4. Se couvrait abondamment de morve ; les archidiacres étaient réputés pour être très sales.

5. Grillades.

6. Ragoût.

7. Soupe épaisse servie aux moines après l'office de primes, c'est-à-dire à l'aube.

30 jeuner faisait bonne mémoire : pour tant[1] y buvaient
les premiers. Je m'en trouve fort bien et n'en dîne
que mieux. Et me disait Maître Tubal (qui fut premier de sa licence[2] à Paris), que ce n'est tout l'avantage de courir bien tout[3], mais bien de partir de
35 bonne heure ; aussi n'est-ce la santé totale de notre
humanité boire à tas, à tas, à tas, comme canes, mais
oui bien de boire matin ; *unde versus*[4] :

> Lever matin n'est point bonheur ;
> Boire matin est le meilleur. »

Gargantua, *1534 ou 1535,*
chapitre xxi (orthographe modernisée).

---

1. C'est pourquoi.
2. Diplôme universitaire.
3. Vite.
4. D'où les vers (expression latine).

Guide de lecture
....

**1. Quels sont les « prin-
cipes » qui régissent
cette éducation ? À
quels procédés Rabelais
a-t-il recours pour les
tourner en dérision ?**

**2. Quel style le jeune
Gargantua adopte-t-il
dans sa défense ?**

Picrochole et son armée attaquent l'abbaye de Seuillé
sans rencontrer de résistance. Mais, en les voyant sac-
cager la vigne, un moine, frère Jean des Entommeures,
engage seul le combat.

« Le plus horrible spectacle qu'on ait jamais vu »

[...] il mit bas son grand habit[1] et se saisit du bâton de la croix[2], qui était en cœur de cormier, aussi long qu'une lance, remplissant bien la main et quelque peu semé de fleurs de lys, presque toutes effacées. Il
5   sortit de la sorte, dans son beau sarrau[3], avec son bâton de croix, mit son froc en écharpe[4] et frappa brutalement sur les ennemis qui vendangeaient à travers le clos, sans ordre, sans enseigne, sans trompette ni tambour : en effet, les porte-drapeau, les
10   porte-enseigne avaient laissé leurs drapeaux et leurs enseignes le long des murs, les tambours avaient défoncé leurs caisses d'un côté pour les emplir de raisins, les trompettes étaient chargées de pampre[5], chacun faisait relâche. Il les cogna donc si verte-
15   ment, sans crier gare, qu'il les culbutait comme des porcs, en frappant à tort et à travers, comme les anciens escrimeurs.

Aux uns, il écrabouillait la cervelle, à d'autres il brisait bras et jambes, à d'autres il démettait les ver-
20   tèbres du cou, à d'autres, il disloquait les reins, ef-

---

1. Les moines sont en grand habit car ils ont organisé une procession pour implorer l'aide de Dieu contre les assaillants.
2. La croix des processions.
3. Ici, vêtement militaire.
4. Le froc est l'habit du moine ; le mettre en écharpe signifie quitter les ordres pour le métier des armes.
5. Branche de vigne avec grappes et feuilles.

frondrait le nez, pochait les yeux, fendait les mâchoires, enfonçait les dents dans la gueule, défonçait les omoplates, meurtrissait les jambes, déboîtait les fémurs, émiettait les os des membres.

25 Si l'un d'eux cherchait à se cacher au plus épais des ceps, il lui froissait toute l'arête du dos et lui cassait les reins comme à un chien.

Si un autre voulait se sauver en fuyant, il lui faisait voler la tête en morceaux en le frappant à la suture
30 occipito-pariétale[1].

Si un autre montait à un arbre, croyant y être en sécurité, avec son bâton, il l'empalait par le fondement.

Si quelque ancienne connaissance lui criait :
35 « Ah ! Frère Jean, mon ami, Frère Jean, je me rends !

— Tu y es bien forcé, disait-il, mais tu rendras en même temps ton âme à tous les diables ! »

Et sans attendre, il lui assenait une volée de coups.
40 Et si quelqu'un se trouvait suffisamment épris de témérité pour vouloir lui résister en face, c'est alors qu'il montrait la force de ses muscles, car il lui transperçait la poitrine à travers le médiastin[2] et le cœur. À d'autres, il frappait au défaut des côtes, il retour-
45 nait l'estomac et ils en mouraient sur-le-champ. À d'autres il crevait si violemment le nombril, qu'il leur en faisait sortir les tripes. À d'autres, il perçait le

---

1. Suture des os du crâne.
2. Partie du thorax située entre les poumons.

boyau du cul à travers les couilles. Croyez bien que c'était le plus horrible spectacle qu'on ait jamais vu.

₅₀

GARGANTUA, *1534,*
chapitre XXVII, *édité et traduit par G. Demerson, Seuil, 1973.*

Guide de lecture

1. Étudiez la composition du passage.
2. Relevez les termes qui servent à désigner les différentes parties du corps visées par frère Jean. À quels registres de langue appartiennent-ils ?

À l'issue des guerres picrocholines, les compagnons du géant victorieux sont récompensés. Frère Jean s'est signalé par son courage et son ardeur au combat. Il reçoit une abbaye et décide, avec Gargantua, d'en organiser l'existence de manière très particulière : il fonde l'abbaye de Thélème (qui signifie « désir » d'après le grec), sur le modèle d'une cité idéale, sorte de vision utopique qui sert de conclusion morale et politique à l'épisode guerrier. Le début du chapitre LVII expose le mode de vie des Thélémites.

« Fais ce que tu voudras »

Toute leur vie était régie non par des lois, des statuts ou des règles, mais selon leur volonté et libre arbitre. Ils sortaient du lit quand bon leur semblait, buvaient, mangeaient, travaillaient, dor-

5 maient quand le désir leur en venait. Nul ne les
éveillait, nul ne les obligeait à boire ni à manger, ni à
faire quoi que ce soit. Ainsi en avait décidé Gargantua. Et leur règlement se limitait à cette clause :

FAIS CE QUE TU VOUDRAS,

10 parce que les gens libres, bien nés, bien éduqués, vivant en bonne société, ont naturellement un instinct, un aiguillon qu'ils appellent honneur et qui les
pousse toujours à agir vertueusement et les éloigne
du vice. Quand ils sont affaiblis et asservis par une
15 vile sujétion ou une contrainte, ils utilisent ce noble
penchant, par lequel ils aspiraient librement à la
vertu, pour se défaire du joug de la servitude et pour
lui échapper, car nous entreprenons toujours ce qui
est défendu et convoitons ce qu'on nous refuse.

20 Grâce à cette liberté, ils rivalisèrent d'efforts pour
faire tous ce qu'ils voyaient plaire à un seul. Si l'un
ou l'une d'entre eux disait : « buvons », tous buvaient ; si on disait : « jouons », tous jouaient ; si on
disait : « allons nous ébattre aux champs », tous y al-
25 laient. Si c'était pour chasser au vol[1] ou à courre, les
dames montées sur de belles haquenées[2], avec leur
fier palefroi[3], portaient chacune sur leur poing joli-
ment ganté un épervier, un lanier[4], un émerillon[5] ;
les hommes portaient les autres oiseaux.

---

1. Chasser avec les oiseaux de proie.
2. Cheval facile à monter.
3. Cheval de promenade.
4. Oiseau de proie.
5. Le plus petit des oiseaux utilisés, comme les précédents, pour la chasse.

30　　Ils étaient si bien éduqués qu'il n'y avait aucun ou aucune d'entre eux qui ne sût lire, écrire, chanter, jouer d'instruments de musique, parler cinq ou six langues et s'en servir pour composer en vers aussi bien qu'en prose. Jamais on ne vit des chevaliers si

35　preux, si nobles, si habiles à pied comme à cheval, si vigoureux, si vifs et maniant si bien toutes les armes, que ceux qui se trouvaient là. Jamais on ne vit des dames si élégantes, si mignonnes, moins désagréables, plus habiles de leurs doigts à tirer l'ai-

40　guille et à s'adonner à toute activité convenant à une femme noble et libre, que celles qui étaient là.

Gargantua, 1534,
chapitre LVII, *édité et traduit par G. Demerson, Seuil, 1973*

Guide de lecture

1. À qui cet idéal de vie s'adresse-t-il ? Sur quelle conception de l'homme est-il fondé ?

2. Quel est le point de vue du narrateur ?

PANTAGRUEL (1532). Ce récit inaugurait le schéma narratif d'ensemble déjà observé dans *Gargantua*. Au récit de la naissance, de l'enfance et de l'éducation du héros succède celui de ses premiers exploits et de la guerre qu'il doit mener contre les Dipsodes. Toutefois, dans ce premier roman, le géant rencontre Panurge, qui devient son ami et son compagnon, et qui occupe une place très importante dans le récit : il est, autant que Pantagruel, une figure essentielle de la narration.

Alors que Pantagruel fait ses études à Paris, il reçoit une lettre de son père. Cette lettre, qui constitue l'ensemble du chapitre VIII, exprime, de façon très solennelle et dans un style très oratoire, non pas la réalité mais l'idéal d'une éducation. Nourri des espoirs que le premier humanisme a placés dans le savoir, cet idéal est formulé dans le cadre d'une fiction qui fait apparaître sa complexité et les difficultés de sa réalisation. Dans le passage qui suit, Gargantua exhorte son fils au travail et lui fait valoir les possibilités toutes nouvelles que lui offre la « restitution » humaniste du savoir.

« Maintenant toutes disciplines sont restituées... »

Maintenant toutes disciplines sont restituées[1], les langues instaurées[2] : grecque sans laquelle c'est honte qu'une personne se dise savante, hébraïque, chaldaïque[3], latine ; les impressions[4]
5   tant élégantes et correctes en usance[5], qui ont été inventées de mon âge par inspiration divine, comme à contre-fil[6] l'artillerie par suggestion diabolique.

---

1. Rétablies.
2. Restaurées.
3. Variété de l'hébreu.
4. Livres imprimés.
5. En usage.
6. Au rebours.

Tout le monde est plein de gens savants, de précepteurs très doctes, de librairies[1] très amples, et m'est avis que, ni au temps de Platon, ni de Cicéron[2], ni de Papinien[3], n'était telle commodité d'étude qu'on y voit maintenant, et ne se faudra plus dorénavant trouver en place ni en compagnie, qui ne sera bien expoli en l'officine de Minerve[4]. Je vois les brigands, les bourreaux, les aventuriers, les palefreniers de maintenant, plus doctes que les docteurs et prêcheurs de mon temps. Que dirai-je ? Les femmes et les filles ont aspiré à cette louange et manne céleste[5] de la bonne doctrine[6]. Tant y a que, en l'âge où je suis, j'ai été contraint d'apprendre les lettres grecques, lesquelles je n'avais contemné[7] comme Caton[8], mais je n'avais eu loisir de comprendre en mon jeune âge. Et volontiers me délecte à lire les *Moraux* de Plutarque[9], les beaux *Dialogues* de Platon, les *Monuments* de Pausanias et *Antiquités* d'Athénée, attendant l'heure qu'il plaira à Dieu, mon créateur, m'appeller et commander issir[16] de cette terre.

1. Bibliothèques.

2. Orateur latin du Ier siècle avant J.-C.

3. Jurisconsulte romain du IIIe siècle après J.-C.

4. Cultivé, en la boutique placée sous la protection de Minerve, déesse du Savoir.

5. Don céleste.

6. Savoir.

7. Méprisé.

8. Homme d'État romain du IIe siècle avant J.-C., qui méprisait la littérature grecque.

9. Rabelais énumère ici des textes d'auteurs grecs lus par les humanistes.

10. Sortir.

Par quoi[1] mon fils, je t'admoneste que emploies ta jeunesse à bien profiter en études et en vertus. Tu es
30 à Paris, tu as ton précepteur Épistémon, dont l'un par vives et vocales instructions, l'autre par louables exemples te peut endoctriner[2].

PANTAGRUEL, *1532,*
chapitre VIII (orthographe modernisée).

---

1. C'est pourquoi.
2. Instruire.

Guide de lecture
....

1. À quels textes les langues « instaurées » donnent-elles un accès direct ? Quel est le but recherché par ces études ?

2. En quoi ce tableau des progrès accomplis est-il excessif ? Que souligne cet excès ?

LE QUART LIVRE (1548). Pantagruel et Panurge entreprennent un long voyage en mer pour aller consulter l'oracle de la Dive Bouteille sur une question qui n'a pu être résolue dans le *Tiers Livre* : si Panurge se marie, sera-t-il fait cocu ? Leur voyage, aux significations symboliques multiples, est chargé de péripéties.

Au début de leur voyage, Pantagruel et ses compagnons croisent un navire marchand et échangent des nouvelles avec son équipage. Une violente querelle éclate entre Panurge et Dindenault, marchand de moutons, qui s'est écrié en l'apercevant : « Voyez là une

belle tête de cocu ! » La dispute s'apaise mais Panurge
se venge : après avoir négocié l'achat du plus beau des
moutons, il jette celui-ci à la mer.

« Tous à la file sautaient dedans la mer »

Soudain, je[1] ne sais comment, le cas fut subit[2], je
n'eus loisir le considérer. Panurge, sans autre
chose dire, jette en pleine mer son mouton criant et
bêlant. Tous les autres moutons criants et bêlants en
5 pareille intonation, commencèrent soi jeter et sauter
en mer après, à la file. La foule[3] était à qui premier y
sauterait après leur compagnon. Possible n'était les
engarder[4], comme vous savez être du mouton le naturel, toujours suivre le premier quelque part qu'il
10 aille. Aussi le dit Aristotélès, lib. 9 de *Histo. animal.*[5],
être plus sot et inepte animant[6] du monde.

Le marchand, tout effrayé de ce que devant ses
yeux périr voyait et noyer ses moutons, s'efforçait
les empêcher et retenir de tout son pouvoir, mais
15 c'était en vain. Tous à la file sautaient dedans la mer
et périssaient. Finalement il en prit un grand et fort

---

1. C'est Alcofribas, le narrateur, qui parle.
2. La chose fut soudaine.
3. L'empressement.
4. Empêcher.
5. Aristote, livre IX de l'*Histoire des animaux.*
6. Être animé.

par la toison sur le tillac de la nef[1], cuidant[2] ainsi le retenir et sauver le reste aussi conséquemment. Le mouton fut si puissant qu'il emporta en mer avec soi

20 le marchand, et fut noyé[3] en pareille forme que les moutons de Polyphémus, le borgne cyclope, emportèrent hors la caverne Ulysse et ses compagnons[4]. Autant en firent les autres bergers et moutonniers, les prenant un par les cornes, autres par les jambes,

25 autres par la toison, lesquels tous furent pareillement en mer portés et noyés misérablement.

Panurge, à côté du fougon[5], tenant un aviron en main, non pour aider les moutonniers, mais pour les engarder de grimper sur la nef et évader le[6] nau-

30 frage, les prêchait éloquemment, comme si fût un petit frère Olivier Maillard ou un second frère Jean Bourgeois[7], leur remontant par lieux rhétoriques[8] les misères de ce monde, le bien et l'heur de l'autre vie, affirmant plus heureux être les trépassés que les

35 vivants en cette vallée de misère, et à chacun d'eux promettant ériger un beau cénotaphe et sépulcre honoraire[9] au plus haut du mont Cenis[10], à son re-

---

1. Pont du bateau.
2. Croyant.
3 Sujet : le marchand.
4. Célèbre épisode de *l'Odyssée* d'Homère.
5. Cuisine de navire.
6. Échapper au.
7. Célèbres prédicateurs de la fin du XVe siècle.
8. Lieux communs, clichés.
9. Tombeau élevé à la mémoire d'un mort mais qui ne contient pas son corps.
10. Où se trouvait une chapelle où l'on déposait les corps des voyageurs morts de froid.

tour de Lanternois[1], leur optant[2] ce néanmoins, en cas que vivre encore entre les humains ne leur fâchait et noyer ainsi ne leur vînt à propos, bonne aventure et rencontre de quelque baleine, laquelle au tiers jours subséquent[3] les rendît sains et saufs en quelque pays de satin[4], à l'exemple de Jonas[5].

LE QUART LIVRE, *1548,*
chapitre VIII *(orthographe modernisée).*

Guide de lecture

1. Relevez et étudiez les différents procédés du comique.

2. Quel est le point de vue du narrateur ? Quel est l'effet produit par ses interventions ?

---

1. Lieu imaginaire vers lequel ils naviguent.
2. Leur souhaitant.
3. Suivant.
4. Pays de rêve.
5. Personnage biblique qui fut avalé par une baleine avant d'être rejeté sur un rivage, trois jours après.

MARGUERITE DE NAVARRE *(1492-1549)*

....

UNE PRINCESSE HUMANISTE.   Fille de Charles d'Orléans, sœur de François Ier, mariée au roi de Navarre Henri d'Albret en 1527, Marguerite d'Angoulême, reine de Navarre, est une des figures marquantes de la première moitié du XVIe siècle. Jusqu'en 1534, elle joue un rôle important à la cour, aussi bien sur le plan politique que sur le plan culturel. Conseillère, ambassadrice, c'est elle qui négocie à Madrid la libération de François Ier, fait prisonnier lors de la défaite de Pavie en 1525. Comme son frère, elle se fait la protectrice des arts. À la suite de l'affaire des Placards (1534), ses idées évangéliques l'obligent à se retirer à la cour de Nérac, en Navarre. Elle accueille, encourage et soutient nombre de poètes et d'humanistes, en particulier ceux qui, comme Clément Marot ou Étienne Dolet, sont poursuivis pour leurs affinités avec la Réforme.

UNE ŒUVRE VARIÉE.   Marguerite de Navarre est elle-même l'auteur d'une œuvre variée qui comprend des poèmes (*Miroir de l'âme pécheresse,* 1531), des pièces de théâtre d'inspiration morale et religieuse (*Comédie de Mont-de-Marsan,* 1548) et un recueil de nouvelles commencé en 1540, l'*Heptaméron,* qui ne sera publié que dix ans après sa mort. Acquise aux idées de l'évangélisme qui transparaissent dans son œuvre à travers une conception affective et mystique de la foi, influencée par le néoplatonisme qui nourrit sa réflexion sur l'amour, Marguerite de Navarre a fait de son œuvre et de sa vie une longue méditation spirituelle.

L'*Heptaméron* (1559).   C'est un recueil de nouvelles insérées dans un récit qui sert de cadre général (récit cadre) : dix hommes et femmes de la noblesse, aux personnalités bien tranchées, voient leur voyage interrompu par les intempéries. Ils trouvent refuge chez l'abbé de Notre-Dame de Sarrance et, pour se divertir, ils se racontent, jour après jour, des histoires dont ils garantissent l'authenticité. Une espèce de rituel s'établit, auquel chacun prend plaisir : tous les jours, de midi à quatre heures, on se retrouve dans un pré pour entendre plusieurs histoires. Chaque récit est suivi d'un débat, véritable commentaire moral de la nouvelle, dans lequel les opinions se confrontent. Les « devisants », c'est-à-dire les narrateurs, derrière lesquels se cachent des personnes réelles que les contemporains pouvaient identifier, ont en effet des points de vue différents, voire opposés : les seigneurs Hircan et Saffredent se distinguent par leur cynisme, dame Oisille par sa piété, Parlamente par son moralisme et sa pondération, etc. Les nouvelles, qui traitent le plus souvent de l'amour, deviennent ainsi l'occasion d'une véritable réflexion sur un des thèmes de prédilection de Marguerite de Navarre.

S'inspirant du *Décaméron* de Boccace, Marguerite de Navarre projetait de diviser son œuvre en dix journées, occupées chacune par dix histoires. Mais elle ne put la poursuivre au-delà du septième jour. Un de ses éditeurs lui donna donc le titre d'*Heptaméron* (du grec *hepta,* « sept », et *héméra,* « jour »).

Dans sa douzième nouvelle, Marguerite de Navarre donne la première version française de l'histoire de Lorenzaccio qui inspirera la pièce d'Alfred de Musset au XIXe siècle. Les événements qu'elle relate sont contemporains et se situent en 1537 : Alexandre de Médicis, duc de Florence, est assassiné par son cousin et ami Lorenzino, qui se refuse à livrer sa propre sœur aux amours volages du duc. Lorenzino vient d'informer le duc de son refus.

« Sauver sa vie et venger sa honte »

L e duc, tout enflammé d'un courroux importable[1], mit le doigt à ses dents, se mordant l'ongle, et lui répondit par une grande fureur : « Or bien, puisque je ne trouve en vous nulle amitié, je
5 sais que[2] j'ai à faire. » Le gentilhomme, connaissant la cruauté de son maître, eut crainte et lui dit : « Monseigneur, puisqu'il vous plaît, je parlerai à elle et vous dirai sa réponse. » Le duc lui répondit en se départant[3] : « Si vous aimez ma vie, aussi ferai-je la
10 vôtre. »

Le gentilhomme entendit bien[4] que cette parole voulait dire. Et fut un jour ou deux sans voir le duc,

---

1. Insupportable.
2. Ce que.
3. En s'en allant.
4. Comprit parfaitement.

pensant à ce qu'il avait à faire. D'un côté, lui venait au-devant l'obligation qu'il devait à son maître, les biens et les honneurs qu'il avait reçus de lui ; de l'autre côté, l'honneur de sa maison, l'honnêteté et chasteté de sa sœur, qu'il savait bien jamais ne consentir à telle méchanceté, si par sa tromperie elle n'était prise ou par force : chose si étrange qu'à jamais lui et les siens en seraient diffamés. Et si[1] prit conclusion[2] de ce différend, qu'il aimait mieux mourir que de faire un si méchant tour à sa sœur, l'une des plus femmes de bien qui fût en toute l'italie, mais que plutôt devait délivrer sa patrie d'un tel tyran, qui par force voulait mettre une telle tache en sa maison ; car il tenait tout assuré que, sans faire mourir le duc, la vie de lui et des siens n'étaient pas assurée. Par quoi, sans en parler à sa sœur, ni à créature du monde, délibéra de sauver sa vie et venger sa honte par un même moyen. Et, au bout de deux jours, s'en vint au duc et lui dit comme il avait tant bien pratiqué sa sœur, non sans grande peine, qu'à la fin elle s'était consentie à faire sa volonté, pourvu qu'il lui plût tenir la chose si secrète que nul que son frère n'en eût connaissance.

Le duc, qui désirait cette nouvelle, la crut facilement. Et en embrassant le messager, lui promettait tout ce qu'il lui saurait demander.

L'Heptaméron, *1559,*
deuxième journée, xii *(orthographe modernisée).*

---

1. Cependant.
2. Résolution.

Guide de lecture

1. Comment l'auteur souligne-t-il la cruauté du duc ? Quel autre trait de sa personnalité est également suggéré ? Qu'est-ce qui caractérise ici la figure du tyran ?

2. Étudiez la progression de la délibération du gentilhomme et commentez-la.

3. Quels seront, à votre avis, le sujet et les arguments du débat qui aura lieu entre les devisants à l'issue du récit ?

L'humanisme :
la recherche
de nouvelles voies

À la fin de ces cinquante années, la rupture avec le Moyen Âge semble consommée. Des formes nouvelles, un esprit nouveau se sont imposés. Toute la littérature de cette période paraît placée sous le signe de l'expérimentation.

L'« illustration » de la langue française

Poètes et hommes de lettres utilisent avec une grande liberté la langue française qui, bien qu'en enfance, ou peut-être parce qu'elle est encore si jeune, semble exceptionnellement riche de potentialités. C'est ce que montre l'extraordinaire invention verbale de Rabelais, nourrie aussi bien des langues anciennes que des régionalismes et des archaïsmes en langue d'oïl. Des nombreuses créations rabelaisiennes, le français retiendra des mots appelés à une belle postérité : « encyclopédie » ou « misanthrope » font ainsi leur entrée dans le lexique. L'effort des protestants qui, comme Calvin (1509-1564), souhaitent toucher un large public et expriment en langue vulgaire une pensée théologique complexe, porte lui aussi ses fruits ; Calvin fait ainsi paraître sa grande œuvre, *l'Institution de la religion chrétienne,* en français dès 1541 après l'avoir publiée en latin. Les auteurs du XVIIe siècle pourront considérer avec dédain un enrichissement qui doit beaucoup au latin et au grec, le mouvement est lancé : la prose comme la poésie consacrent la victoire du français comme grande langue littéraire.

La Renaissance poétique

L'évolution de la poésie manifeste elle aussi une tendance évidente à la recherche et au renouvellement. Trois générations de poètes se succèdent, et si la doctrine de la Pléiade s'impose dans les années 1550, elle est loin de mettre un terme au processus du changement. Après avoir reconnu et défendu des principes communs énoncés sous forme de manifeste dans la *Défense et illustration de la langue française* (voir p. 149), les poètes suivent des voies distinctes. La trajectoire de chacun est faite de mutations, de nouvelles expériences, de revirements même. La diversité des sources antiques ou modernes auxquelles ils vont puiser, la confrontation avec le public, leur évolution et leur curiosité personnelles, le goût et la valorisation de la variété, tout favorise le renouvellement. L'œuvre de Ronsard en est l'illustration la plus frappante : chacun de ses recueils de poésie amoureuse présente un caractère particulier. De son côté, du Bellay revendique avec les *Regrets* une totale nouveauté d'inspiration.

Au sein de cette diversité, une forme s'est imposée : plus encore que l'ode, dont Ronsard a voulu faire le symbole du renouveau poétique, le sonnet a suscité un véritable engouement. Importé d'Italie, où Pétrarque avait fait la preuve de sa richesse en le vouant à l'expression d'un sentiment amoureux complexe, le sonnet a été introduit en France par Marot et Saint-Gelais, c'est-à-dire par les poètes de cour du début du siècle. Les poètes de la Pléiade en ont développé l'usage, lui associant d'abord le décasyllabe, puis l'alexandrin. Réservé pendant cette période à la poésie amoureuse (les *Regrets* de Du Bellay constituent une exception remarquable), le sonnet séduit par sa structure fermée qui permet de multiples jeux de contraste et d'opposition. Le sonnet VI des *Regrets* (voir p. 155) en fournit une illustration convaincante.

Une littérature humaniste

La généralisation de l'attitude et des principes humanistes constitue un élément marquant de cette période si changeante. Du travail des savants philologues, c'est-à-dire occupés à l'établissement critique des textes antiques, est née une espèce de philosophie, fondée sur la valorisation de l'homme et sur la foi en la connaissance, que les auteurs reprennent, enrichissent, interprêtent. Ce que l'on a appelé au XIXᵉ siècle l'« humanisme » s'exprime à travers les œuvres de Rabelais ou de Ronsard. L'un et l'autre combattent l'ignorance. Ils rappellent le lecteur à son humanité véritable, constituée indissolublement d'une âme mais aussi d'un corps. Investi par les pouvoirs de la fiction et de l'imagination, l'humanisme de ces textes transmet à la postérité un idéal qui échappe à toute tentative de réduction ou de simplification.

Un idéal hors d'atteinte ?

C es œuvres jettent en effet un éclairage contrasté sur les différents aspects du grand rêve de la Renaissance. L'idéal semble partout difficile à atteindre. Les universités opposent une certaine résistance aux idées nouvelles. La Sorbonne, puissante faculté de théologie, peut soumettre les œuvres les plus novatrices à la censure. Les poètes expriment, sous des formes variées, une espèce de désenchantement. Ils n'ont pas le sentiment d'avoir réussi à imposer la dignité de leur art et de leur fonction. Le poète courtisan qui flatte les goûts de la cour plutôt qu'il ne les forme demeure un ennemi menaçant. La tentation du repli est grande et Jodelle semble y avoir succombé dans un mouvement de superbe mépris (voir p. 165). Le contact direct avec l'Italie, cette terre où du Bellay s'attend à sentir battre le cœur de la Renaissance, n'apporte qu'une terrible déception. C'est que le temps vient à bout des efforts et des œuvres des hommes. La recherche de la gloire, essentielle au projet de la Pléiade, n'est peut-être qu'une vaine espérance. L'abbaye de Thélème (voir p. 179) inciterait le lecteur à penser que l'idéal a sa place dans l'utopie, c'est-à-dire dans un univers imaginaire situé hors de la réalité, littéralement, d'après l'origine du mot, « en aucun lieu ». Les géants de Rabelais règnent d'ailleurs sur un royaume qui porte ce nom. La lettre de Gargantua à Pantagruel qui définit un programme d'éducation humaniste est ainsi datée « D'Utopie, ce dix-septième jour du mois de mars ». La réflexion politique emprunte volontiers les chemins de l'imagination pour construire des cités idéales où l'homme de la Renaissance pourrait vivre en accord avec ses principes. L'*Utopie* de l'Anglais Thomas More (1516), qui constitue le modèle du genre, a exercé une influence considérable sur les humanistes de l'Europe entière. L'œuvre de Rabelais en porte la trace (voir p. 170).

Avant même que ne s'ouvre la période troublée des guerres de Religion, les grandes œuvres de la première moitié du siècle ont su révéler à la fois la grandeur et la fragilité des espoirs de la Renaissance.

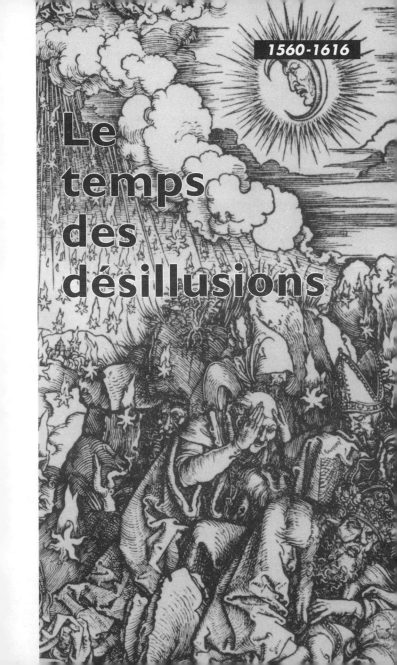

Le temps des désillusions

Le temps des désillusions

La poursuite de grands projets

L e travail des humanistes et des hommes de lettres se poursuit, mais il est sans cesse confronté aux difficultés qui naissent de cette période de troubles. Certes, du côté du théâtre, la tragédie humaniste poursuit son évolution et connaît avec l'œuvre de Garnier son plein épanouissement. Mais les grands projets conçus dans la première moitié du siècle ne trouvent souvent qu'un aboutissement décevant. Dans les années 1570, le poète Jean-Antoine de Baïf crée l'Académie de poésie et de musique, dont le roi Charles IX encourage les travaux. Conçue sur le modèle des académies italiennes, elle est le lieu de savantes recherches, en particulier sur la création d'un vers français mesuré à l'antique. La nouveauté consiste à supprimer la rime et à définir le vers de manière purement rythmique. Mais ce système, qui doit permettre une association étroite entre poésie et musique, est calqué sur le modèle des langues grecque et latine. Il s'adapte mal à la langue française, et les résultats auxquels parvient Baïf ne rencontrent pas le succès escompté. Les activités de l'Académie, tributaires de la libéralité du roi, cessent à la mort de Charles IX. Elles reprennent avec la création de l'académie du Palais, dont les orientations sont très différentes. Poètes (parmi lesquels on retrouve de grandes figures de la Pléiade) et hommes de lettres composent des discours sur des questions de philosophie et de morale, qui semblent intéresser tout particulièrement le roi Henri III. Mais les guerres de Religion et les conflits politiques mettent rapidement un terme à ces nouveaux travaux.

Ronsard fait paraître en 1572 les premiers livres de *la Franciade,* l'épopée nationale à laquelle il travaille depuis de nombreuses années. Même si on célèbre ouvertement la publication de cette grande œuvre, son retentissement est loin d'être considérable. Ronsard n'achèvera pas son poème épique. L'échec peut recevoir des explications multiples ; le contexte même de la parution en est une : 1572, c'est aussi l'année de la Saint-Barthélemy.

Contradictions et incertitudes : le combat et le jeu

On voit à quel point les guerres civiles affectent la vie littéraire. Elles favorisent l'épanouissement d'une littérature de combat qui utilise les armes de la satire et du pamphlet. En 1562 et 1563, Ronsard publie quatre discours polémiques et engage une véritable guerre de plume avec les protestants. À la fin du siècle, la *Satire Ménippée* (1594) fait la brillante démonstration de l'efficacité de la satire sur le public. Mais l'engagement dans les luttes du moment n'est pas réservé à un genre. Les tableaux des horreurs de la guerre se multiplient, on exploite toute la richesse de l'image du monde renversé. Le spectacle de la mort est permanent et il est largement représenté dans les grandes œuvres de l'époque. Le *Discours de la servitude volontaire* de La Boétie paraît en 1574, et ce qui se voulait une réflexion théorique sur la tyrannie devient une arme de combat que les protestants utilisent contre la monarchie.

Simultanément, et dans un rapport de singulier contraste, la cour d'Henri III se passionne pour les jeux, les ballets, la poésie légère de Desportes (1546-1606). La personnalité et les goûts du roi semblent en eux-mêmes traduire les contradictions et les incertitudes de l'époque : intérêt pour le savoir, recherche du plaisir et du divertissement, profonde inquiétude religieuse.

La recherche d'un ordre

D ans un tel contexte, nombreuses sont les œuvres qui cherchent à rétablir un ordre, ordre du macrocosme et du microcosme, c'est-à-dire de l'univers et de l'homme, tous deux étant indissolublement liés pour une conscience du XVIᵉ siècle. On voit se développer une poésie dite « philosophique » ou « scientifique » qui entreprend un vaste inventaire des connaissances acquises et tente de lui donner une cohérence et d'en dégager un sens. *La Semaine ou la Création du monde* (1578) du protestant du Bartas (1544-1590) constitue la plus grande réussite du genre. Le spectacle de la nature vient y témoigner de la toute-puissance de Dieu et de sa sagesse. La diversité du monde, les aléas de l'histoire humaine, tout s'organise autour de cette certitude. Une telle littérature reste cependant fermée aux réelles innovations scientifiques. Attachée, avec l'ensemble de son époque, à l'image d'un monde clos au centre duquel se trouve la Terre, elle rejette la démonstration de Copernic (1473-1543) de l'héliocentrisme (position centrale du Soleil dans l'Univers), pourtant formulée dès 1543.

Malgré ces efforts, le sentiment du désordre est tenace. Au temps des certitudes semble avoir succédé celui des « opinions » : opinions religieuses, philosophiques, morales, qui livrent la conscience à toutes les errances possibles. Pour comprendre le présent et interpréter l'ordre du monde, certains ont recours aux sciences occultes. La solution proposée par le matérialisme de la philosophie d'Épicure, qui invite à jouir de la vie, est inacceptable pour une conscience chrétienne. Elle exerce pourtant une certaine séduction ; on en trouve des échos dans la poésie de Ronsard.

La fin du siècle laisse le sentiment d'une grande confusion. Les réponses apportées au désarroi sont multiples. Elles recourent souvent aux ressources de la distanciation et de la mise en spectacle. Les recueils d'histoires tragiques connaissent un grand succès. La diversité et l'inconstance des « affaires » humaines, loin de provoquer l'inquiétude, y entretiennent un goût pour l'insolite et l'étrange. La poésie religieuse baroque (voir p. 126), celle de Sponde (1557-1595), de Chassignet (1571-1635), de La Ceppède (vers 1560-1628), fait entendre les souffrances mais aussi les espoirs de la conscience chrétienne. Montaigne, dans les *Essais* (1580), recherche une sagesse personnelle qui mette en ordre non plus le savoir ou le monde, mais le rapport que l'homme entretient avec eux. Il faudra attendre 1616 pour que paraissent les *Tragiques,* d'Agrippa d'Aubigné, la grande épopée du combat protestant sur laquelle plane l'ombre de Dieu.

RONSARD   *(1524-1585)*

....

DISCOURS DES MISÈRES DE CE TEMPS (1562).   L'œuvre de
Ronsard (voir p. 158) se poursuit dans cette seconde
partie du siècle. En 1562, indigné par la prise d'armes
des protestants et par ses conséquences désastreuses
pour la France, le prince des poètes s'engage aux côtés
des catholiques et du roi Charles IX dans la lutte
religieuse : il fait paraître un *Discours des misères de ce
temps* dans lequel il s'attaque vigoureusement aux
réformés. Dédié à Catherine de Médicis, publié sous
forme de plaquette peu coûteuse, qui peut s'acheter et
circuler facilement, ce *Discours,* composé par le plus
grand poète du temps, a un retentissement considérable. Il sera immédiatement suivi d'une *Continuation*
puis, en 1563, d'une *Remontrance au peuple de France.*
La même année, vivement attaqué par des pamphlé-
taires (voir p. 271) protestants, Ronsard se défend dans
une *Réponse aux injures et calomnies de je ne sais quels
Prédicants et Ministre de Genève.* Ce sera le dernier des
Discours, consacré, plus encore qu'à la justification du
catholique, à celle du poète et de son art.

Ronsard recourt dans ce passage à l'allégorie (voir
p. 271) et au motif conventionnel du monde à l'envers
pour dresser un tableau effrayant de la France abandonnée au chaos : les protestants ont livré la nation au
règne dévastateur du monstre Opinion.

La vérité et l'autorité sont vaincues. Il ne reste plus
que les erreurs, qui s'affrontent dans un perpétuel désordre.

« Le monde renversé »

Ce monstre arme le fils contre son propre père,
Et le frère (ô malheur) arme contre son frère,
La sœur contre la sœur, et les cousins germains
Au sang de leurs cousins veulent tremper leurs
[mains.
5 L'oncle fuit son neveu, le serviteur son maître,
La femme ne veut plus son mari reconnaître.
Les enfants sans raison disputent[1] de la foi,
Et tout à l'abandon va sans ordre et sans loi.
L'artisan par ce monstre[2] a quitté sa boutique,
10 Le pasteur ses brebis, l'avocat sa pratique,
Sa nef le marinier, sa foire le marchand,
Et par lui le prudhomme[3] est devenu méchant.
L'écolier se débauche, et de sa faux tortue[4]
Le laboureur façonne une dague pointue,
15 Une pique guerrière il fait de son râteau
Et l'acier de son coutre[5] il change en un couteau.
Morte est l'autorité : chacun vit à sa guise
Au vice déréglé la licence[6] est permise,
Le désir, l'avarice, et l'erreur insensé[7]
20 Ont sens dessus dessous le monde renversé.

---

1. Débattent.
2. Il s'agit toujours de l'Opinion.
3. L'homme honnête et sage.
4. Tordue.
5. Fer tranchant de la charrue.
6. Liberté excessive, abus.
7. Insensés (au XVIe siècle, les règles d'accord sont encore floues).

On a fait des lieux saints une horrible voirie[1],
Un assassinement, et une pillerie :
Si bien que Dieu n'est sûr en sa propre maison.
Au ciel est revolée, et Justice et Raison,

25 Et en leur place hélas ! règne le brigandage,
La force, les couteaux, le sang et le carnage.

Tout va de pis en pis : les Cités qui vivaient
Tranquilles ont brisé la foi qu'elles devaient :
Mars[2] enflé de faux zèle et de vaine apparence

30 Ainsi qu'une furie agite notre France,
Qui farouche à son prince, opiniâtre suit
L'erreur d'un étranger[3], qui folle la conduit.

Discours des misères de ce temps, *1562,*
v. 159 à 190 (orthographe modernisée).

---

1. Rebut.
2. Dieu de la Guerre dans la mythologie romaine.
3. Luther.

Guide de lecture
•••

1. En quoi consiste ce « renversement » du monde ? Quels sont ses différents aspects ?

2. À quels procédés Ronsard a-t-il recours pour en décrire les effets ?

RECUEIL DES NOUVELLES POÉSIES (1563). Dans le prélude de l'« Hymne de l'Automne », l'un des hymnes des « Quatre Saisons » qui figurent dans ce recueil, Ronsard évoque la naissance de sa vocation poétique. Le cadre champêtre de son Vendômois natal devient le lieu mythique de l'innocence qui favorise le dialogue avec les Muses.

« Je n'avais pas quinze ans »

Je n'avais pas quinze ans que les monts et les bois
Et les eaux me plaisaient plus que la cour des Rois,
Et les noires forêts épaisses de ramées[1],
Et du bec des oiseaux les roches entamées :
5   Une vallée, un antre en horreur obscurci,
Un désert effroyable, était tout mon souci,
Afin de voir au soir les Nymphes[2] et les Fées
Danser dessous la Lune en cotte[3] par les prés,
Fantastique d'esprit ; et de voir les Sylvains[4]
10 Être boucs par les pieds et hommes par les mains,
Et porter sur le front des cornes en la sorte[5]
Qu'un petit agnelet de quatre mois les porte.

J'allais après[6] la danse et craintif je pressais
Mes pas dedans le trac[7] des Nymphes, et pensais,
15 Que pour mettre[8] mon pied en leur trace poudreuse
J'aurais incontinent l'âme plus généreuse,
Ainsi que l'Ascréan[9] qui gravement sonna,
Quand l'une des neuf Sœurs[10] du laurier lui donna.

Or je ne fus trompé de ma douce entreprise,

---

1. Branches feuillues.

2. Jeunes divinités qui habitent les lieux champêtres et personnifient la fécondité de la nature.

3. En chemise.

4. Ici, les satyres, génies des forêts et des montagnes. Ronsard décrit leur apparence dans les vers suivants.

5. De la même manière.

6. Je suivais.

7. La trace.

8. En mettant.

9. Le poète grec Hésiode (VIIIe siècle av. J.-C.).

10. Les Muses.

20   Car la gentille Euterpe[1] ayant ma dextre[2] prise,
Pour m'ôter le mortel[3] par neuf fois me lava
De l'eau d'une fontaine où peu de monde va[4],
Me charma[5] par neuf fois, puis d'une bouche enflée,
Ayant dessus mon chef son haleine soufflée
25   Me hérissa le poil[6] de crainte et de fureur.
Et me remplit le cœur d'ingénieuse erreur[7],
En me disant ainsi : « Puisque tu veux nous suivre,
Heureux après la mort nous te ferons revivre,
Par longue renommée, et ton los[8] ennobli
30   Accablé du tombeau n'ira point en obli[9].

    Tu seras du vulgaire appelé frénétique,
Insensé, furieux, farouche, fantastique,
Maussade, mal plaisant, car le peuple médit
De celui qui de mœurs aux siennes contredit.
35   Mais courage, Ronsard, les plus doctes poètes,
Les Sibylles, Devins, Augures et Prophètes[10],
Hués, sifflés, moqués des peuples ont été :
Et toutefois, Ronsard, ils disaient vérité.

    N'espère d'amasser de grands biens en ce Monde.
40   Une forêt, un pré, une montagne, une onde

---

1. Muse de la musique.

2. Main droite.

3. Me rendre immortel.

4. L'Hippocrène, fontaine des Muses et source de l'inspiration.

5. Au sens fort : opération magique.

6. Les cheveux.

7. D'un génial délire

8. Renommée.

9. Oubli.

10. Tous ces êtres possèdent le don d'interpréter les signes divins et d'annoncer la vérité aux hommes.

Sera ton héritage, et seras plus heureux
Que ceux qui vont cachant tant de trésors chez
[eux :
Tu n'auras point de peur qu'un Roi de sa tempête
Te vienne en moins d'un jour écrabouiller la tête,
45   Ou confisquer tes biens : mais tout paisible et coi[1],
Tu vivras dans les bois pour la Muse et pour toi. »
    Ainsi disait la nymphe, et de là je vins être
Disciple de Dorat[2], qui longtemps fut mon maître,
M'apprit la poésie, et me montra comment
50   On doit feindre et cacher les fables proprement,
Et à bien déguiser la vérité des choses
D'un fabuleux manteau dont elles sont encloses.
J'appris en sa maison à immortaliser
Les hommes que je veux célébrer et priser,
55   Leur donnant de mes biens, ainsi que je te[3] donne
Pour présent immortel l'Hymne de cet Automne.

Recueil des nouvelles poésies, *1563*,
« *Hymne de l'Automne* », *vers 31 à 86 (orthographe modernisée).*

Guide de lecture
....

1. **Caractérisez le décor dans lequel s'accomplit la naissance de la vocation. À quoi s'oppose-t-il ?**
2. **Quelle fonction est ici assignée à la poésie ?**

À qui le poète est-il comparé ?
3. **Quelle valeur le recours au mythe donne-t-il à ce développement sur l'inspiration ?**

---

1. Tranquille.

2. Humaniste, professeur de grec, maître de Ronsard au collège de Coqueret.

3. Ronsard s'adresse ici à Claude de l'Aubépine, secrétaire d'État, à qui l'hymne est dédié.

SUR LA MORT DE MARIE (1578). Ces poèmes, qui font partie de la cinquième édition des œuvres de Ronsard, en sept volumes, mêlent, dans une même méditation sur la mort de l'aimée, l'image de Marie de Bourgueil, célébrée dans la *Continuation des Amours* (1556), et celle de Marie de Clèves, la maîtresse d'Henri III, morte en 1574.

« Comme on voit sur la branche... »

Comme on voit sur la branche au mois de Mai la
[rose,
En sa belle jeunesse, en sa première fleur,
Rendre le ciel jaloux de sa vive couleur,
Quand l'Aube de ses pleurs au point du jour
[l'arrose :

5 La grâce dans sa feuille, et l'amour se repose,
Embaumant les jardins et les arbres d'odeur ;
Mais battue ou de pluie ou d'excessive ardeur,
Languissante elle meurt, feuille à feuille déclose[1].

Ainsi en ta première et jeune nouveauté,
10 Quand la terre et le ciel honoraient ta beauté,
La Parque[2] t'a tuée, et cendre tu reposes.

---

1. Ouverte.
2. Dans la mythologie grecque et romaine, divinité qui préside à la destinée humaine et fixe le terme de la vie.

Pour obsèques reçois mes larmes et mes pleurs,
Ce vase plein de lait, ce panier plein de fleurs[1],
Afin que vif et mort ton corps ne soit que roses.

Œuvres, *1578,*
Sur la mort de Marie, IV (orthographe modernisée).

---

1. Offrandes païennes.

Guide de lecture

1. **Analyses la structure du sonnet. Comment la comparaison est-elle développée ?**
2. **Étudiez avec préci-** **sion le rythme des vers 1 à 8. Quel est dans chaque cas l'effet recherché ?**

SONNETS POUR HÉLÈNE (1578).   Voici le poème le plus célèbre du dernier recueil de poésie amoureuse composé par Ronsard, les *Sonnets pour Hélène* ; le poète célèbre cette fois la docte et vertueuse Hélène de Surgères.

« Quand vous serez bien vieille »

Quand vous serez bien vieille, au soir à la
                          [chandelle.
Assise auprès du feu, dévidant et filant,
Direz, chantant mes vers, en vous émerveillant :
« Ronsard me célébrait du temps que j'étais belle. »

5 Lors vous n'aurez servante oyant[1] telle nouvelle,
   Déjà sous le labeur à demi sommeillant,
   Qui au bruit de Ronsard ne s'aille réveillant,
   Bénissant[2] votre nom de louange immortelle.

   Je serai sous la terre, et fantôme sans os
10 Par les ombres myrteux[3] je prendrai mon repos ;
   Vous serez au foyer une vieille accroupie,

   Regrettant mon amour et votre fier[4] dédain.
   Vivez si m'en croyez, n'attendez à demain :
   Cueillez dès aujourd'hui les roses de la vie.

Œuvres, *1578*,
« *Sonnets pour Hélène* », II, XXIV (*orthographe modernisée*).

1. Entendant.
2. Louant (se rapporte à Ronsard).
3. Selon Virgile, les amants célèbres étaient accueillis aux Enfers dans une forêt écartée et ombragée de myrtes, plantes consacrées à l'amour.
4. Cruel.

Guide de lecture

1. Étudiez et commentez le jeu des temps. Quel effet produit l'emploi de l'imparfait au vers 4 ?
2. En quoi consiste la progression des quatrains aux tercets ?

DERNIERS VERS (1586). Ce recueil est publié par les amis de Ronsard, mort deux mois auparavant, au moment des obsèques officielles du poète. Les quelques poèmes qui composent le recueil, écrits sur le seuil de la mort, constituent un adieu pathétique à la vie.

« **Je n'ai plus que les os** ».

Je n'ai plus que les os, un squelette je semble,
Décharné, dénervé, démusclé, dépoulpé[1],
Que le trait[2] de la mort sans pardon a frappé,
Je n'ose voir mes bras que de peur je ne tremble.

5 Apollon et son fils[3], deux grands maîtres ensemble,
Ne me sauraient guérir, leur métier m'a trompé ;
Adieu plaisant soleil, mon œil est étoupé[4],
Mon corps s'en va descendre où tout se
                              [désassemble.

Quel ami me voyant en ce point dépouillé
10 Ne remporte au logis un œil triste et mouillé,
Me consolant au lit et me baisant la face,

En essuyant mes yeux par la mort endormis ?
Adieu chers compagnons, adieu mes chers amis,
Je m'en vais le premier vous préparer la place.

Derniers Vers, *1586*,
Sonnet I (orthographe modernisée).

Guide de lecture
....

1. **Quel aspect de la
mort est ici privilégié ?**
2. **Quels sont les procédés qui assurent le**

caractère pathétique de
cet adieu ?
3. **Étudiez le rythme et
les sonorités du vers 8.**

---

1. Sans pulpe, c'est-à-dire sans chair.
2. La flèche.
3. Esculape, dieu de la Médecine.
4. Voilé.

DESPORTES   *(1546-1606)*

UN POÈTE COURTISAN. La carrière de Philippe Desportes est celle du parfait poète courtisan. Comblé de faveurs par le roi Henri III dont il sait flatter les goûts, il est le plus illustre représentant du maniérisme (voir p. 126) qui caractérise la poésie des années 1570.

Né à Chartres en 1546, il voyage très jeune en Italie comme secrétaire d'un évêque. Il se familiarise alors avec les poètes italiens de son époque, qu'il reconnaît comme ses maîtres. Leur néopétrarquisme influence dès lors l'ensemble de sa poésie. De retour en France en 1567, à vingt et un ans, il se fait apprécier à la cour, devient l'ami de Baïf et de Ronsard, gagne les faveurs du duc d'Anjou, futur Henri III, à qui il dédie ses *Imitations de l'Arioste,* le grand poète italien (1474-1533) auteur du très célèbre *Roland furieux.* Lorsque le duc succède à Charles IX sur le trône de France, Desportes devient son poète attitré, prête sa plume aux amours du roi et ravit à Ronsard le titre de « prince des poètes ».

POÉSIE AMOUREUSE ET SACRÉE. En 1573 paraissent ses *Premières Œuvres,* qui contiennent les « Amours de Diane » et les « Amours d'Hippolyte ». Les recueils de poésie amoureuse se succéderont, avec, notamment, *Diverses Amours* en 1583. Desportes y chante les souffrances et l'impatience de l'amant dans un style qui cultive l'artifice et procède par variations sur les mêmes thèmes.

Un moment tenté par la Ligue après la mort d'Henri III, Desportes se rallie finalement à Henri IV et retrouve une place à la cour, moins importante toutefois. Le poète passe alors une grande partie de son temps dans son monastère de Bonport, où il reçoit ses amis poètes, traduit les *Psaumes* de David (Ancien Testament) et devient la cible des critiques acerbes de Malherbe (1555-1628), le jeune poète qui réformera au siècle suivant l'art poétique français (voir volume consacré au XVIIe siècle).

PREMIÈRES ŒUVRES (1573). La poésie de Desportes utilise des formes variées, sonnets mais aussi chansons, stances, épigrammes (voir p. 271).

Voici le sonnet initial des « Amours d'Hippolyte », l'un des ensembles qui composent le premier recueil de Desportes.

« Le ciel fut son désir »

Icare[1] chut ici, le jeune audacieux,
Qui pour voler au ciel eut assez de courage ;
Ici tomba son corps dégarni de plumage,
Laissant tous braves cœurs de sa chute envieux.

---

1. Personnage mythologique qui réussit à voler en fixant des ailes sur son dos avec de la cire ; mais il s'approcha trop près du soleil, la cire fondit et il tomba à la mer.

5 Ô bienheureux travail d'un esprit glorieux,
   Qui tire un si grand bien d'un si petit dommage !
   Ô bienheureux malheur plein de tant d'avantage
   Qu'il rende le vaincu des ans victorieux !

   Un chemin si nouveau n'étonna[1] sa jeunesse,
10 Le pouvoir lui faillit[2], mais non pas la hardiesse ;
   Il eut pour le brûler des astres le plus beau ;

   Il mourut poursuivant une haute aventure,
   Le ciel fut son désir, la mer sa sépulture :
   Est-il plus beau dessein ou plus riche tombeau ?

PREMIÈRES ŒUVRES, *1573*,
« Amours d'Hippolyte », sonnet I (orthographe modernisée).

Guide de lecture

1. En quoi l'aventure d'Icare est-elle fascinante aux yeux du poète ? Que soulignent les images par lesquelles il l'évoque ?

2. Quel rapport peut-on établir entre l'aventure d'Icare et celle de l'amant ?

1. Effraya.
2. Manqua.

Jean de Sponde *(1557-1595)*

L'INSPIRATION RELIGIEUSE.   Jean de Sponde est le fils d'un noble basque, calviniste fervent, secrétaire de Jeanne d'Albret, reine de Navarre. C'est donc avec l'aide et sous la protection de la cour de Navarre qu'il fait des études poussées, en particulier à Bâle, en Suisse, de 1580 à 1583. Celles-ci lui permettent de développer un double intérêt pour la littérature de l'Antiquité et pour la spiritualité protestante. Il s'efforce de concilier ces deux penchants dans son œuvre, d'inspiration essentiellement religieuse. En effet, après avoir écrit vers 1582 quelques poèmes d'amour qu'il ne fait pas paraître, il se consacre à son plus grand ouvrage, les *Méditations sur les Psaumes* qu'il publie en 1588, accompagnées d'un *Essai de quelques poèmes chrétiens.*

À son retour en France, il se rapproche d'Henri de Navarre qui lui confie des charges politiques importantes. Mais, pour des raisons qui restent obscures, à partir de 1593, celui qui est devenu le roi de France lui retire sa faveur. Sponde, déjà éprouvé par plusieurs emprisonnements sous l'accusation d'hérésie, mène alors une existence difficile. Sa conversion au catholicisme, préparée à la fois par celle du roi et par sa rencontre avec la forte personnalité du cardinal Du Perron, l'isole encore davantage. Il se retire à Bordeaux, loin de toute vie mondaine, et se consacre entièrement à la méditation spirituelle et à la réflexion théologique. Il meurt à l'âge de trente-huit ans, dans la misère, emporté par une pleurésie.

ESSAI DE QUELQUES POÈMES CHRÉTIENS (1588). Sous ce titre modeste se cache une œuvre aussi brève qu'intense. Sponde y a rassemblé des poèmes de formes différentes ; les « Stances de la Cène », les « Stances de la mort » et douze « Sonnets sur le même sujet ». Ces quelques pièces rappellent au lecteur la vanité et l'instabilité de l'existence humaine. Elles l'invitent à vivre dans la pensée de la mort, non pas une mort tragique et vaine, mais une mort chrétienne qui délivre l'âme.

Le dernier sonnet du recueil reprend la vision d'une vie humaine offerte à toutes les tentations de la chute, mais s'achève sur une fervente profession de foi qui est une promesse de salut.

« Tout s'enfle contre moi »

Tout s'enfle contre moi, tout m'assaut[1], tout me tente,
Et le Monde, et la Chair, et l'Ange révolté[2],
Dont l'onde, dont l'effort, dont le charme inventé[3]
Et m'abîme, Seigneur, et m'ébranle, et m'enchante[4].

5   Quelle nef, quel appui, quelle oreille dormante,
Sans péril, sans tomber, et sans être enchanté,
Me donras-tu[5] ? Ton Temple où vit ta Sainteté,
Ton invincible main et ta voix si constante.

---

1. M'assaille.
2. Satan.
3. L'artifice trompeur.
4. Me trompe.
5. Donneras-tu (syncope pour respecter le nombre de syllabes de l'alexandrin).

219

Et quoi ? mon Dieu, je sens combattre maintes fois
10 Encore avec ton Temple, et ta main, et ta voix,
Cet Ange révolté, cette Chair, et ce Monde.

Mais ton Temple pourtant, ta main, ta voix sera
La nef, l'appui, l'oreille, où ce charme perdra
Où mourra cet effort, où se rompra cette onde.

ESSAI DE QUELQUES POÈMES CHRÉTIENS, *1588,*
sonnet 12 (orthographe modernisée).

Guide de lecture

1. **Dans ce sonnet, Sponde utilise le procédé qu'on appelle des « vers rapportés ». Définissez-le en étudiant attentivement la syntaxe de la première strophe. Montrez comment il se développe** sur l'ensemble du poème et étudiez l'effet qu'il produit.
2. **Étudiez le jeu des temps. En quoi souligne-t-il la confiance de l'espérance du chrétien ?**

GARNIER   *(1545-1590)*

Robert Garnier est le poète dramatique le plus illustre de la seconde moitié du xvie siècle. Son œuvre abondante, aux sujets variés, s'appuie sur les travaux de ses prédécesseurs pour amener à son plus grand achèvement la tragédie humaniste. Il la poursuit parallèlement à une brillante carrière de magistrat qui le conduit du parlement de Paris (où il est avocat en 1567) au grand conseil du roi (1586). Sa dernière tragédie, *les Juives* (1583), peut être considérée à juste titre comme son chef-d'œuvre. Elle remporte un grand succès auprès des lettrés.

LES JUIVES (1583). Garnier s'inspire dans cette tragédie d'un épisode biblique relatif à l'histoire du peuple hébreu. Le roi de Jérusalem, Sédécie, est coupable d'un double crime : il a trahi non seulement son Dieu mais aussi le roi de Babylone, Nabuchodonosor, à qui il avait juré fidélité. Nabuchodonosor assiège Jérusalem, la met à feu et à sang, et fait de Sédécie, de sa mère Amital, de ses femmes et de ses enfants, ses malheureux captifs. Quel sort leur réservera-t-il ? Voilà la question qui constitue le ressort de l'intrigue tragique. Alors que tous l'invitent à la clémence, le roi inflige aux prisonniers un cruel châtiment.

Dans ce passage de l'acte II, Amital, encore incertaine du sort qui attend les siens, joint ses lamentations à celles du chœur des Juives. La recherche du pathétique, qui constitue une des préoccupations essentielles de Garnier, atteint ici son comble.

« Pleurons doncques, pleurons... »

CHŒUR

Las ! qui est la cité, qui est la nation,
Qui souffre tant[1] que nous de tribulation ?
Qui a Jérusalem surpassé en misères ?
Qui a tant éprouvé du grand Dieu les colères ?

AMITAL

5   Celui[2] pourrait nombrer les célestes flambeaux,
Les feuilles des forêts, et les vagues des eaux,
Les sables, qui légers dans l'Arabie ondoient,
Qui pourrait raconter les maux qui nous guerroient.

CHŒUR

Il nous les faut pleurer, car las ! à nos malheurs
10   Pour tout allègement ne restent que les pleurs.

AMITAL

Pleurons doncques[3], pleurons sur ces moiteuses[4]
                                              [rives,
Puisque nous n'avons plus que nos larmes,
                                              [captives :
Ne cessons de pleurer, ne cessons, ne cessons
De nous baigner le sein des pleurs que nous
                                              [versons.
15   Pleurons Jérusalem, Jérusalem détruite,
Jérusalem en flamme et en cendres réduite :

---

1. Autant.
2. À rattacher à « qui » (vers 8).
3. Ancienne orthographe de « donc » qui contient ainsi deux syllabes.
4. Humides.

Ne soient plus d'autre chose occupés nos esprits,
Ne faisons que douloir[1], que jeter pleurs et cris.
Devons-nous plus avoir autre sollicitude ?
20   Pouvons-nous autre part appliquer notre étude ?
Nous est-il rien resté qu'un esprit gémissant,
Qu'un esprit adeulé[2] dans un corps languissant ?

Chœur

Pleurons doncques, pleurons, et de tristes cantiques
Lamentons sur ce bord nos malheurs Hébraïques.

Amital

25   Rompons nos vêtements, découvrons notre sein,
Aigrissons contre lui notre bourelle[3] main :
N'épargnons nos cheveux et nos visages tendres,
Couvrons nos dos de sacs, et nos têtes de cendres[4].

Les Juives, *1583*,
acte II, v. 449 à 476 (orthographe modernisée).

Guide de lecture
....

**1. Étudiez l'effet pro-
duit par les différents
procédés de répétition.**

**2. En quoi consiste ici
l'action tragique ?**

---

1. Nous plaindre.
2. Attristé.
3. Qui torture.
4. Ce sont des signes de désespoir.

LA BOÉTIE   *(1530-1563)*

UN PARTISAN DE LA TOLÉRANCE. La vie et l'œuvre de ce brillant humaniste sont intimement liées à celles de Montaigne (voir p. 229). Étienne de La Boétie naît à Sarlat, dans une famille de la petite noblesse. Après avoir fréquenté le collège de Guyenne, fameux à cette époque, il reçoit une solide formation de droit.

Pendant cette période d'études, il compose les sonnets amoureux que Montaigne publiera dans le chapitre XXIX du premier livre des *Essais*. Il rédige également le *Discours de la servitude volontaire* (1548), qui constitue son œuvre maîtresse mais ne sera publié qu'après sa mort. En 1553, il est nommé conseiller au parlement de Bordeaux. Quatre ans plus tard, Montaigne y est nommé à son tour. Les deux hommes se lient d'une profonde amitié.

Dans ses écrits comme dans ses engagements politiques, La Boétie se montre un fervent partisan de la tolérance. En ces temps de conflits, et particulièrement face aux troubles qui agitent la Guyenne, il prend position contre les fanatismes de tout bord. Il meurt prématurément à l'âge de trente-trois ans.

DISCOURS DE LA SERVITUDE VOLONTAIRE (éd. posthume, 1574). Dans cet ouvrage, La Boétie cherche à expliquer un phénomène paradoxal : selon lui, l'homme naît avec le sentiment de sa liberté et avec le désir de la défendre ; pourtant, il peut se soumettre volontairement à la tyrannie. Comment rendre compte de cette contradiction ? Comment faire en sorte que l'homme retrouve le sentiment de sa liberté naturelle et refuse de raffermir le pouvoir du tyran en ne reconnaissant plus sa suprématie ? Telles sont les questions que pose le *Discours,* dans le cadre général d'une critique et d'une analyse de la tyrannie.

La Boétie y répond en humaniste, c'est-à-dire qu'il aborde les problèmes d'ordre politique de manière théorique, en se référant à un idéal et à des exemples antiques. Sa critique de la monarchie, considérée comme une des formes de la tyrannie, est audacieuse. Mais elle se situe au niveau de la réflexion et du débat d'idées. Elle ne saurait en aucun cas inciter à la rébellion contre l'autorité royale.

Pourtant le *Discours* a d'abord été utilisé comme un pamphlet. En 1574, des partisans calvinistes en donnent une première édition partielle, sans nom d'auteur, dans le *Réveille Matin des Français.* Le texte complet paraît en 1576, dans un recueil de pamphlets, sous le nom de La Boétie, avec le titre de *Contr'un.*

Cet ouvrage si libre dans sa pensée, auquel Montaigne attachait une grande importance, et qu'il aurait voulu publier lui-même, a connu un destin remarquable : profondément novateur dans sa réflexion, mais livré sans commentaires de l'auteur sur l'utilisation qui devait en être faite, il a été soumis à des interprétations diverses.

Dans cet extrait, situé au début du *Discours,* La Boétie démontre un point essentiel de sa réflexion : la puissance du tyran repose uniquement sur le consentement aveugle de ses sujets.

« Soyez résolus de ne servir plus, et vous voilà libres »

P auvres gens et misérables, peuples insensés, nations opiniâtres en votre mal et aveugles en votre bien, vous vous laissez emporter devant vous le plus beau et le plus clair de votre revenu, piller vos
5 champs, voler vos maisons, et les dépouiller des meubles anciens et paternels ! Vous vivez de sorte que vous pouvez dire que rien n'est à vous. Et semblerait que meshui[1] ce vous serait grand heur[2] de tenir à moitié vos biens, vos familles et vos vies ; et
10 tout ce dégât, ce malheur, cette ruine vous vient, non pas des ennemis, mais bien certes de l'Ennemi, et de celui que vous faites si[3] grand qu'il est, pour lequel vous allez si courageusement à la guerre, pour la grandeur duquel vous ne refusez point de
15 présenter à la mort vos personnes ! Celui qui vous maîtrise tant n'a que deux yeux, n'a que deux mains, n'a qu'un corps, et n'a autre chose que ce qu'a le moindre homme du grand nombre infini de vos villes ; sinon qu'[4]il a plus que vous tous, c'est
20 l'avantage que vous lui faites, pour vous détruire. D'où a-t-il pris tant d'yeux, d'où vous épie-t-il, si vous ne les lui donnez ? Comment a-t-il tant de mains pour vous frapper s'il ne les prend de vous ?

---

1. Maintenant.
2. Bonheur.
3. Aussi.
4. Si ce n'est que.

Les pieds dont il foule vos cités, d'où les a-t-il, s'ils
ne sont des vôtres ? Comment a-t-il aucun pouvoir
sur vous que par vous autres mêmes ? Comment
vous oserait-il courir sus[1] s'il n'avait intelligence[2]
avec vous ? Que vous pourrait-il faire si vous n'étiez
receleurs du larron[3] qui vous pille ? complices du
meurtrier qui vous tue, et traîtres de vous-mêmes ?
Vous semez fruits afin qu'il en fasse le dégât. Vous
meublez et remplissez vos maisons pour fournir à
ses voleries ; vous nourrissez vos filles afin qu'il ait
de quoi soûler sa luxure ; vous nourrissez vos enfants afin qu'il les mène, pour le mieux qu'il leur
fasse, en ses guerres, qu'il les mène à la boucherie,
qu'il les fasse les ministres de ses convoitises, les
exécuteurs de ses vengeances ; vous rompez à la
peine vos personnes afin qu'il se puisse mignarder[4]
en ses délices et se vautrer dans les sales et vilains
plaisirs ; vous vous affaiblissez afin de le faire plus
fort et raide à vous tenir plus courte la bride. Et de
tant d'indignités, que les bêtes mêmes ou ne senti-
raient point ou n'endureraient point, vous pouvez
vous en délivrer, si vous essayez, non pas de vous en
délivrer, mais seulement de le vouloir faire. Soyez
résolus de ne servir plus, et vous voilà libres. Je ne
veux pas que vous le poussiez ni le branliez[5], mais

---

1. Oserait-il vous attaquer.
2. Complicité.
3. Voleur.
4. S'amollir.
5. Ni le secouiez pour le faire tomber.

seulement que vous ne le souteniez plus. Et vous le
50 verrez, comme un grand colosse à qui on a dérobé la
base, de son poids même fondre[1] en bas, et se
rompre.

Le Contr'un ou Discours de la servitude volontaire, *1576,*
(orthographe modernisée).

Guide de lecture

**1. À quel type de
discours s'apparente ce
passage ? Étudiez sa
composition et relevez
les caractéristiques
essentielles de son
éloquence.**

**2. Commentez l'avant-
dernière phrase : « Je ne
veux pas... souteniez
plus. »**

---

1. S'effondrer.

MONTAIGNE   *(1533-1592)*

L'AUTEUR D'UNE SEULE ŒUVRE.   Michel de Montaigne est l'homme d'une seule œuvre, les *Essais,* œuvre magistrale, unique en son genre, et qui domine la production littéraire de la fin du XVIᵉ siècle.

Né au château de Montaigne, dans le Périgord, d'une famille de noblesse récente, Michel Eyquem (qui prendra le nom de sa terre) reçoit une éducation humaniste dont les méthodes sont assez originales : confié aux soins d'un précepteur allemand dès son plus jeune âge, il apprend le latin comme une langue maternelle. De façon plus traditionnelle, mais avec plus de réticences, il parfait sa connaissance des lettres à Bordeaux, au prestigieux collège de Guyenne.

Après des études de droit, il entre en 1557 au parlement de Bordeaux. Sa vie sera dès lors à la fois celle d'un homme politique qui participe activement à la vie publique et celle d'un homme de lettres qui sait s'isoler dans une retraite studieuse. Son activité parlementaire se prolonge jusqu'en 1571. Elle lui permet de faire une rencontre capitale, celle de l'ami véritable, Étienne de La Boétie (voir p. 224). La mort de ce dernier, survenue en 1563, l'affecte profondément et crée un vide qui ne pourra être comblé que par l'écriture.

RETRAITES ET VOYAGES.   Les années 1571-1580 sont essentiellement consacrées à l'étude : sans abandonner complètement la vie publique, Montaigne se retire sur ses terres. Il passe de longs moments dans sa librairie (nom de l'époque pour désigner une bibliothèque), où il lit les auteurs de l'Antiquité, philosophes, historiens, poètes, et commence à rédiger les *Essais,* dont les deux premiers livres paraissent en 1580.

La même année, il entreprend un voyage pour se soigner de la gravelle (maladie douloureuse qui affecte les reins). Il traverse l'Allemagne et l'Italie. Ce qui ne devait être qu'un voyage de cure devient une expérience pleine d'enseignement : Montaigne observe avec intérêt la variété des mœurs et rédige un *Journal de voyage,* qui ne paraîtra qu'en 1771. Pendant son absence, il est élu maire de Bordeaux. Il assume cette charge de 1581 à 1585 et traverse avec constance la tourmente de la Ligue.

Mais, à partir de 1586 et jusqu'à sa mort, il se consacre surtout à la poursuite de son œuvre : il complète les deux livres déjà publiés et en compose un troisième. Une nouvelle édition paraît en 1588. Il meurt en laissant un exemplaire (dit l'exemplaire de Bordeaux) couvert d'annotations ; c'est celui-ci qui fournira la matière d'une dernière édition, posthume (1595), assurée par Marie de Gournay, qui s'était liée d'amitié avec Montaigne et qu'il considérait comme sa fille d'adoption.

L'écriture des Essais. Sous le titre *Essais,* Montaigne livre au public une œuvre volumineuse, élaborée sur une vingtaine d'années et profondément originale. Divisée en trois livres, dont les multiples chapitres proposent une réflexion sur les sujets les plus divers, elle associe, dans une même quête de la sagesse, le devenir de l'homme, de sa pensée, de son écriture.

Les *Essais* sont conçus à l'origine comme une sorte d'hommage rendu à Étienne de La Boétie : Montaigne y publie initialement les poèmes de son ami. Mais l'ouvrage s'enrichit et devient un recueil de notes et de réflexions nées de la fréquentation assidue des auteurs antiques. Cela explique en partie l'abondance des citations qui émaillent le texte. (Pour faciliter la lecture des extraits de l'œuvre, les citations ont été traduites et le texte latin a été renvoyé en note.) La réflexion se fait ensuite plus personnelle, et Montaigne finit par concevoir son œuvre comme une vaste peinture de lui-même. Loin de s'annuler les uns les autres, ces différents projets s'accumulent. Le mouvement affecte dès lors la pensée et l'écriture : sans cesse reprise, sans cesse transformée, l'œuvre n'est pas corrigée mais augmentée, enrichie par ce que l'auteur appelle des « allongeails ».

ESSAIS (1580). Le titre même de l'œuvre rend compte de ce mode particulier de composition qui est en même temps un mode de pensée : pour Montaigne, les différentes strates de sa réflexion et de son projet sont moins contradictoires que complémentaires ; elles peuvent donc se superposer. L'essai, c'est à la fois l'expérience et l'ébauche. Montaigne fait l'essai de son jugement sur le monde qui l'entoure (la découverte de l'Amérique par exemple, mais aussi les guerres civiles), sur les grands sujets de la philosophie morale (la mort en particulier), sur lui-même.

Loin de déboucher sur une pensée dogmatique, cette forme de réflexion reste ouverte au changement, à la reprise, à la contradiction. Elle s'apparente à la philosophie sceptique, qui fournit d'ailleurs à Montaigne sa devise : « Que sais-je ? » Mais le scepticisme ne le conduit pas au doute universel. Il est une incitation à poursuivre la réflexion et à entretenir la vigilance de l'esprit.

Dès 1580, Montaigne place en tête de son œuvre un avis au lecteur. Voici comment il accueille celui qui s'engage à le lire. (Les lettres *(a)*, *(b)*, *(c)*, indiquent les différentes dates de publication du texte : respectivement 1580, 1588 et 1595.)

Avis au lecteur

(a) C'est ici un livre de bonne foi, lecteur. Il t'avertit dès l'entrée, que je ne m'y suis proposé aucune fin, que domestique et privée. Je n'y ai eu nulle considération de ton service, ni de ma gloire. Mes forces ne
5 sont pas capables d'un tel dessein. Je l'ai voué à la commodité particulière de mes parents et amis : à ce que[1] m'ayant perdu (ce qu'ils ont à faire bientôt) ils y puissent retrouver aucuns[2] traits de mes conditions et humeurs, et que par ce moyen ils nour-
10 rissent plus entière et plus vive, la connaissance qu'ils ont eue de moi. Si c'eût été pour rechercher la faveur du monde, je me fusse mieux paré et me présenterais en une marche étudiée. Je veux qu'on m'y voie en ma façon simple, naturelle et ordinaire, sans

---

1. Afin que.
2. Certains.

15 contention[1] et artifice : car c'est moi que je peins.
Mes défauts s'y liront au vif[2], et ma forme naïve[3]
autant que la révérence publique[4] me l'a permis.
Que si j'eusse été entre ces nations qu'on dit vivre
encore sous la douce liberté des premières lois de
20 nature, je t'assure que je m'y fusse très volontiers
peint tout entier, et tout nu. Ainsi, lecteur, je suis
moi-même la matière de mon livre : ce n'est pas raison que tu emploies ton loisir en un sujet si frivole et
si vain ; à Dieu donc.

23   De Montaigne,
    ce premier de mars mil cinq cent quatre-vingts.

ESSAIS, *1580*,
« Avis au lecteur » (orthographe modernisée).

---

1. Effort.
2. Au naturel.
3. Naturelle.
4. Le respect du public.

Guide de lecture
....
1. **En quoi consiste ici la**   d'une telle entrée en
peinture de soi-même ?   matière ?
2. **Selon vous, quelle**
peut être l'efficacité

La réflexion de Montaigne sur la mort se poursuit et
évolue au fil des années et des expériences. Dans ce
chapitre du livre premier, intitulé par référence à l'auteur latin Cicéron « Que philosopher c'est apprendre à

mourir », l'auteur voit dans la pensée constante de la
mort le seul moyen de s'affranchir de la peur qu'elle
nous inspire.

« Le savoir mourir »

(a). Si c'était ennemi qui se peut éviter, je conseil-
lerais d'emprunter les armes de la couardise. Mais
puisqu'il ne se peut, *(b)* puisqu'il vous attrape
fuyant et poltron aussi bien qu'honnête[1] homme,
5 *(a).* « Certes, il poursuit aussi bien l'homme qui
[fuit
Et n'épargne pas plus, d'une jeunesse faible,
Les jarrets et le dos sans courage[2] »
(b). et que nulle trempe de cuirasse vous couvre,
10 « Il a beau, méfiant, se protéger de fer et d'airain,
La mort fera sortir cette tête abritée[3] »,
(a). apprenons à le soutenir de pied-ferme, et à le
combattre. Et pour commencer à lui ôter son plus
grand avantage contre nous, prenons voie toute
15 contraire à la commune. Ôtons-lui l'étrangeté, pra-
tiquons-le, accoutumons-le[4], n'ayons rien si souvent en la tête que la mort. À tous instants représen-

---

1. Courageux.
2. *Nempe et fugacem per sequitur virum, / Nec parcit imbellis juventæ / Poplitibus, timodóque tergo.* Horace, *Odes,* III, ii.
3. *Ille licet ferro cautus se condat aere, / Mors tamen inclusum protrahet inde caput.* Properce, IV, xviii.
4. Prenons-en l'habitude.

tons-la à notre imagination et en tous visages. Au broncher d'un cheval, à la chute d'une tuile, à la moindre piqûre d'épingle, remâchons soudain : « Eh bien, quand ce serait la mort même ? » et là-dessus, raidissons-nous et efforçons-nous[1]. Parmi les fêtes et la joie, ayons toujours ce refrain de la souvenance de notre condition, et ne nous laissons pas si fort emporter au plaisir, que parfois il ne nous repasse en la mémoire, en combien de sortes cette nôtre allégresse est en butte à la mort et de combien de prises elle la menace. Ainsi faisaient les Égyptiens, qui, au milieu de leurs festins, et parmi leur meilleure chère, faisaient apporter l'anatomie sèche[2] d'un corps d'homme mort, pour servir d'avertissement aux conviés :

« Crois que chaque jour est pour toi le dernier à avoir lui ;

Bienvenue sera l'heure qui ne sera pas espérée[3]. »

Il est incertain où la mort nous attende, attendons-la partout. La préméditation[4] de la mort est préméditation de la liberté. Qui a appris à mourir, il a désappris à servir[5]. Le savoir mourir nous affranchit de toute sujétion et contrainte. *(c)* Il n'y a rien de mal en la vie pour celui qui a bien compris que la priva-

---

1. Contraignons-nous (à l'effort).
2. Le squelette.
3. *Omnem crede diem tibi diluxisse supremum. / Grata superveniet, quæ non sperabitur hora.* Horace, *Épîtres,* I, iv.
4. La méditation continue.
5. À être esclave.

tion de la vie n'est pas mal. *(a)*   Paul-Émile[1] répondit à celui que ce misérable roi de Macédoine, son
prisonnier, lui envoyait pour le prier de ne le mener
45   pas en son triomphe : « Qu'il en fasse la requête à
soi-même. »

Essais, *1595,*
I, xx, traduction du latin de D.A. Canal, (orthographe modernisée).

------

1. Consul romain (v. 230 - 160 av. J.-C.) qui fut vainqueur de Persée, roi
de Macédoine.

Guide de lecture
....

**I. Pourquoi, selon
Montaigne, devons-nous
nous libérer de la peur
de la mort ? Quel est
précisément le but
recherché ?**

**2. Quelle est la fonction
des exemples ?
Comment sont-ils
intégrés à la réflexion ?**

L'éducation est un des thèmes essentiels de la réflexion
humaniste. Montaigne lui accorde une place importante dans les *Essais*. L'ensemble du chapitre xxvi,
intitulé « De l'institution des enfants », est dédié à
Madame Diane de Foix, comtesse de Guison, et définit,
pour l'enfant dont elle est enceinte, un idéal d'éducation.

Montaigne attire l'attention de sa dédicataire,
comme celle du lecteur, sur l'importance que revêt le
choix du « gouverneur ».

« Plutôt la tête bien faite que bien pleine »

(a). À un enfant de maison[1] qui recherche les
lettres, non pour le gain (car une fin si abjecte est
indigne de la grâce et faveur des Muses, et puis elle
regarde et dépend d'autrui), ni tant pour les commo-
dités externes que pour les siennes propres, et pour
s'en enrichir et parer au-dedans, ayant plutôt envie
d'en tirer un habile homme qu'un homme savant, je
voudrais aussi qu'on fût soigneux de lui choisir un
conducteur[2] qui eût plutôt la tête bien faite que bien
pleine, et qu'on y requît tous les deux, mais plus les
mœurs et l'entendement[3] que la science ; et qu'il se
conduisît en sa charge d'une nouvelle manière.

On ne cesse de criailler à nos oreilles, comme qui
verserait dans un entonnoir, et notre charge[4] ce
n'est que redire ce qu'on nous a dit. Je voudrais qu'il
corrigeât cette partie[5], et que, de belle arrivée[6], selon la portée de l'âme qu'il a en main, il commençât
à la mettre sur la montre[7], lui faisant goûter les
choses, les choisir et discerner d'elle-même ; quelquefois lui ouvrant chemin, quelquefois le lui laissant ouvrir. Je ne veux pas qu'il invente et parle seul,
je veux qu'il écoute son disciple parler à son tour.

---

1. De famille noble.
2. Précepteur.
3. Le caractère et l'intelligence.
4. Notre rôle, en tant qu'élève.
5. Ce point.
6. D'emblée.
7. Sur la piste, comme un cheval qu'on met à l'essai.

(c) Socrate et depuis Arcesilas[1] faisaient premièrement parler leurs disciples, et puis ils parlaient à
25 eux. « À ceux qui veulent apprendre, l'autorité de
ceux qui enseignent nuit souvent[2]. »

Il est bon qu'il le fasse trotter devant lui pour juger
de son train[3], et juger jusques à quel point il se doit
ravaler[4] pour s'accommoder à sa force. À faute de[5]
30 cette proportion nous gâtons tout ; et de la savoir
choisir, et s'y conduire bien mesurément, c'est l'une
des plus ardues besognes que je sache ; et est l'effet
d'une haute âme et bien forte, savoir condescendre
à ses allures puériles et les guider. Je marche plus sûr
35 et plus ferme à mont qu'à val[6].

ESSAIS, *1595,*
I, XXVI, traduction du latin de D.A. Canal, (orthographe modernisée).

Guide de lecture
···

**1. Pourquoi le jeune
noble doit-il être formé
aux lettres ?
2. Quel est le point
essentiel de la pédago-
gie du bon précepteur ?**

---

1. Philosophes grecs du Ve et du IIIe siècle av. J.-C.
2. *Obest plerumque iis qui discere volunt auctoritas eorum qui docent.* Ciceron,
De Natura Deorum, I, V.
3. Allure.
4. Rabaisser.
5. Faute de.
6. En montant qu'en descendant.

Les deux chapitres centraux du livre premier évoquent le souvenir de La Boétie. L'ami perdu se situe donc, symboliquement, au cœur de la première partie de l'œuvre. Dans ce passage qui ouvre le chapitre intitulé « De l'amitié », Montaigne retrace la naissance de cette amitié exceptionnelle qu'il distingue des amitiés communes.

« Parce que c'était lui ; parce que c'était moi »

(a). Au demeurant, ce que nous appelons ordinairement amis et amitiés, ce ne sont qu'accointances et familiarités[1] nouées par quelque occasion ou commodité, par le moyen de laquelle nos âmes s'en-
5   tretiennent[2]. En l'amitié de quoi[3] je parle elles se mêlent et confondent l'une en l'autre, d'un mélange si universel qu'elles effacent et ne retrouvent plus la couture qui les a jointes. Si on me presse de dire pourquoi je l'aimais, je sens que cela ne se peut ex-
10   primer, *(c)* qu'en répondant : « Parce que c'était lui ; parce que c'était moi. »
(a). Il y a au-delà de tout mon discours, et de ce que j'en puis dire particulièrement, ne sais quelle force inexplicable et fatale[4], médiatrice de cette
15   union. *(c)* Nous nous cherchions avant que de

1. Liens et relations familières.
2. Se tiennent ensemble.
3. De laquelle.
4. Voulue par le destin.

nous être vus, et par des rapports que nous oyïons[1]
l'un de l'autre, qui faisaient en notre affection plus
d'effort que ne porte la raison des rapports[2], je crois
par quelque ordonnance du ciel : nous nous embras-
20 sions par nos noms. Et à notre première rencontre,
qui fut par hasard en une grande fête et compagnie[3]
de ville, nous nous trouvâmes si pris, si connus, si
obligés[4] entre nous, que rien dès lors ne nous fut si
proche que l'un à l'autre. Il écrivit une satire latine
25 excellente, qui est publiée, par laquelle il excuse et
explique la précipitation de notre intelligence[5], si
promptement parvenue à sa perfection. Ayant si peu
à durer, et ayant si tard commencé, car nous étions
tous deux hommes faits, et lui plus de quelques an-
30 nées[6], elle n'avait point à perdre temps et à se régler
au patron[7] des amitiés molles et régulières, auxquelles il faut tant de précautions de longue et préa-
lable conversation[8]. Celle-ci n'a point d'autre idée[9]
que d'elle-même, et ne se peut rapporter qu'à soi.
35 *(a)* Ce n'est pas une spéciale considération, ni
deux, ni trois, ni quatre, ni mille : c'est je ne sais

---

1. Des propos tenus (et qu'on nous répétait).
2. Faisaient plus d'effet que, selon la raison, des rapports ordinaires ne
devraient en faire.
3. Réunion.
4. Liés.
5. Bonne entente, compréhension mutuelle.
6. Montaigne avait environ vingt-cinq ans, la Boétie, vingt-huit.
7. Sur le modèle.
8. Relation faite d'échanges intellectuels.
9. Modèle.

quelle quintessence[1] de tout ce mélange, qui ayant saisi toute ma volonté, l'amena se plonger et se perdre dans la sienne ; *(c)* qui, ayant saisi toute sa
40 volonté, l'amena se plonger et se perdre en la mienne, d'une faim, d'une concurrence[2] pareille.
(a) Je dis perdre, à la vérité, ne nous réservant rien qui nous fût propre, ni qui fût ou sien, ou mien.

Essais, *1595,*
I, XXVII (orthographe modernisée).

———————————

1. En alchimie, principe essentiel d'une substance.
2. Convergence de désirs et d'humeurs.

Guide de lecture

1. Comment Montaigne explique-t-il la naissance de cette amitié ? Quelles sont les différentes étapes qu'il distingue ? En quoi soulignent-elles le caractère exceptionnel de cette relation ?

2. Par quels procédés parvient-il à rendre sensible la complicité des deux amis ?

Dans le chapitre intitulé « Du repentir », placé au début du livre III, Montaigne commente une nouvelle fois son projet. Conscient du caractère déroutant d'un discours qui change fréquemment de points de vue, il se justifie.

« Je ne peins pas l'être. Je peins le passage »

(b). Les autres forment[1] l'homme ; je le récite[2] et en représente un particulier bien mal formé, et lequel, si j'avais à façonner de nouveau, je ferais vraiment bien autre qu'il n'est. Méshui[3], c'est fait. Or
5 les traits de ma peinture ne fourvoient point[4], quoiqu'ils se changent et diversifient. Le monde n'est qu'une branloire pérenne[5]. Toutes choses y branlent sans cesse : la terre, les rochers du Caucase, les pyramides d'Égypte, et du branle public et du leur[6]. La
10 constance même n'est autre chose qu'un branle plus languissant. Je ne puis assurer[7] mon objet. Il va trouble et chancelant, d'une ivresse naturelle. Je le prends en ce point, comme il est, en l'instant que je m'amuse à lui. Je ne peins pas l'être. Je peins le pas-
15 sage : non un passage d'âge en autre, ou, comme dit le peuple, de sept en sept ans, mais de jour en jour, de minute en minute. Il faut accommoder mon histoire à l'heure. Je pourrai tantôt changer, non de fortune[8] seulement, mais aussi d'intention. C'est un
20 contrôle[9] de divers et muables accidents[10] et d'ima-

---

1. Instruisent.
2. Décris.
3. Désormais.
4. Ne trompent pas.
5. Une balançoire qui ne s'arrête jamais.
6. Du branle général et du leur propre.
7. Fixer.
8. Destinée.
9. Examen.
10. Événements.

ginations irrésolues[1] et, quand il y échoit[2],
contraires ; soit que je sois autre moi-même, soit
que je saisisse les sujets par autres circonstances et
considérations. Tant y a que je me contredis bien à
25 l'aventure, mais la vérité, comme disait Demade[3], je
ne la contredis point. Si mon âme pouvait prendre
pied, je ne m'essaierais pas, je me résoudrais ; elle
est toujours en apprentissage et en épreuve.

Je propose une vie basse et sans lustre[4], c'est tout
30 un[5]. On attache aussi bien toute la philosophie morale à une vie populaire et privée qu'à une vie de
plus riche étoffe ; chaque homme porte la forme entière de l'humaine condition.

Essais, 1595,
III, ii (orthographe modernisée).

1. Pensées indécises.
2. Quand cela arrive.
3. Orateur athénien.
4. Sans éclat.
5. C'est indifférent.

Guide de lecture

1. À quoi l'instabilité de
l'être est-elle ratta-
chée ?
2. En quoi la peinture
d'un être particulier se
trouve-t-elle justifiée ?
3. Quelle conception de
la vérité se dégage de
cette réflexion ?

Dans le chapitre intitulé « Des coches » (grandes voi-
tures, moins luxueuses que les carrosses, servant au
transport des personnes), Montaigne juge sévèrement

la manière dont les Européens ont soumis les popula-
tions de l'Amérique à leur domination. À ses yeux, ils
ont ignoré la valeur de la civilisation qu'ils découvraient
et, par là même, ont révélé l'indigence de la leur.

« Notre monde vient d'en trouver un autre »

(b). Notre monde vient d'en trouver un autre (et
qui nous répond si c'est le dernier de ses frères,
puisque les démons, les sibylles[1] et nous, nous
avons ignoré celui-ci jusqu'asteure[2]) non moins
5 grand, plein et membru que lui, toutefois si nouveau
et si enfant qu'on lui apprend encore son a, b, c ; il
n'y a pas cinquante ans qu'il ne savait ni lettres, ni
poids, ni mesure, ni vêtements, ni blés, ni vignes. Il
était encore tout nu au giron, et ne vivait que des
10 moyens de sa mère nourrice. Si nous concluons bien
de notre fin, et ce poète[3] de la jeunesse de son siècle,
cet autre monde ne fera qu'entrer en lumière quand
le nôtre en sortira. L'univers tombera en paralysie ;
l'un membre sera perclus[4], l'autre en vigueur.
15 Bien crains-je que nous aurons bien fort hâté sa
déclinaison[5] et sa ruine par notre contagion, et que

---

1. Les démons sont des esprits, bons ou mauvais, qui se manifestent aux
humains ; les sibylles sont des prophétesses de l'Antiquité.
2. À cette heure-ci.
3. Lucrèce, que Montaigne a cité auparavant dans le cours du chapitre.
4. Paralysé.
5. Déclin.

nous lui aurons bien cher vendu nos opinions et nos arts. C'était un monde enfant ; si[1] ne l'avons-nous pas fouetté et soumis à notre discipline par l'avan-
tage de notre valeur et forces naturelles, ni ne l'avons pratiqué[2] par notre justice et bonté, ni sub-jugué par notre magnanimité. La plupart de leurs réponses et des négociations faites avec eux témoignent qu'ils ne nous devaient rien en clarté d'esprit naturelle et en pertinence. L'épouvantable[3] magnificence des villes de Cuzco[4] et de Mexico, et, entre plusieurs choses pareilles, le jardin de ce roi, où tous les arbres, les fruits et toutes les herbes, se-lon l'ordre et grandeur qu'ils ont en un jardin, étaient excellemment formés en or ; comme, en son cabinet, tous les animaux qui naissaient en son État et en ses mers ; et la beauté de leurs ouvrages en pierrerie, en plume, en coton, en la peinture, montrent qu'ils ne nous cédaient non plus en l'in-dustrie[5]. Mais quant à la dévotion, observance des lois, bonté, libéralité, loyauté, franchise, il nous a bien servi de n'en avoir pas tant qu'eux ; ils se sont perdus par cet avantage, et vendus et trahis eux-mêmes.

Essais, *1595,*
III, vi *(orthographe modernisée).*

---

1. Pourtant.
2. Séduit.
3. Étonnante.
4. Située au Pérou, capitale du puissant empire des Incas.
5. Ils n'avaient rien à nous envier dans le domaine de l'habileté.

Guide de lecture

1. Expliquez la première phrase du passage. Pourquoi Montaigne a-t-il choisi cette formulation pour évoquer ce qu'on appelle « la découverte du Nouveau Monde » ?

2. Que suggère la métaphore du monde enfant ?

3. En quoi ce passage peut-il être considéré comme une mise en question des espoirs que la Renaissance a placés en l'homme ?

LA SATIRE MÉNIPPÉE *(1594)*

LES CIRCONSTANCES HISTORIQUES. Œuvre de circonstance polémique et satirique, la *Satire Ménippée* est un pamphlet politique extrêmement célèbre, qui prend violemment parti contre la Ligue et ses représentants. Cette satire relate, sur un mode bouffon, la réunion des états généraux qui s'est tenue à Paris en 1593. Organisée dans une capitale livrée aux mains des ligueurs soutenus par les Espagnols, cette réunion avait entre autres pour but d'élire un roi catholique : Henri IV, protestant, ne pouvait en effet être considéré comme l'héritier du trône. Mais l'opposition des différents partis fit échouer le projet : face aux ligueurs (catholiques « zélés ») se dressent les « politiques » (catholiques modérés) qui prônent la négociation avec les protestants et la reconnaissance d'Henri IV.

L'ŒUVRE ET SON ÉCRITURE. La *Satire Ménippée* naît de la collaboration de sept auteurs qui défendent le point de vue des « politiques ». Leur identité, volontairement tenue secrète, ne sera connue que bien plus tard. Il s'agit des chanoines Gillot et Pierre Leroy, des hommes de loi Nicolas Rapin, Gilles Durant et Pierre Pithou, des humanistes Jean Passerat et Florent Chrétien. L'œuvre se présente comme une véritable parodie de la réunion des états généraux. Sa partie centrale « restitue » les différentes harangues tenues par les ligueurs. Les discours fictifs ainsi prêtés à l'adversaire le ridiculisent, car le comique de l'ironie, de la farce et du burlesque permet de mettre au jour et de tourner en dérision son hypocrisie, son cynisme ou sa bêtise. La série des discours se clôt toutefois sur une pièce sérieuse, due à Pierre Pithou : la harangue de M. d'Aubray. Chef des catholiques modérés, d'Aubray prend à parti les ligueurs qui viennent de s'exprimer.

Au début de sa harangue, M. d'Aubray apostrophe Paris. Il fait de la ville le cœur de la révolte contre le roi Henri III et de la sédition des ligueurs (voir p. 120).

« Ô Paris, qui n'est plus Paris »

Ô Paris, qui n'est plus Paris, mais une spelonque[1] de bêtes farouches, une citadelle d'Espagnols, Wallons et Napolitains[2], un asile et sûre retraite de voleurs, meurtriers et assassinateurs,
5 ne veux-tu jamais te ressentir[3] de ta dignité, et te souvenir qui tu as été, au prix de ce que tu es ? Ne veux-tu jamais te guérir de cette frénésie qui, pour un légitime et gracieux[4] roi[5], t'a engendré cinquante Roitelets et cinquante tyrans ? Te voilà aux fers ! Te
10 voilà en l'Inquisition d'Espagne, plus intolérable

---

1. Un antre (mot calqué sur le latin *spelunca*, « caverne »).
2. Les armées de Philippe II, roi d'Espagne, qui tiennent Paris.
3. Retrouver le sentiment.
4. Indulgent.
5. Henri III.

mille fois et plus dure à supporter aux esprits nés libres et francs, comme sont les Français, que les plus cruelles morts dont les Espagnols se sauraient aviser ! Tu n'as pu supporter une légère augmenta-
15 tion de tailles et d'offices et quelques nouveaux édits[1] qui ne t'importaient nullement, et tu endures qu'on pille tes maisons, qu'on te rançonne jusques au sang, qu'on emprisonne les Sénateurs[2], qu'on chasse et bannisse tes bons citoyens et conseillers,
20 qu'on pende, qu'on massacre tes principaux magis-trats ! Tu le vois, et tu l'endures ! Tu ne l'endures pas seulement, mais tu l'approuves, et le loues, et n'ose-rais et ne saurais faire autrement ! Tu n'as pu sup-porter ton Roi, si débonnaire, si facile, si familier, qui
25 s'était rendu comme concitoyen et bourgeois de ta Ville, qu'il a enrichie, qu'il a embellie de somptueux bâtiments, accrue de forts et superbes remparts, or-née de privilèges et exemptions[3] honorables ! Que dis-je pu supporter ? c'est bien pis : tu l'as chassé de
30 sa Ville, de sa maison, de son lit ! Quoi chassé ? tu l'as poursuivi ! Quoi poursuivi ? tu l'as assassiné, ca-nonisé l'assassinateur[4], et fait des feux de joie de sa mort ! Et tu vois maintenant combien cette mort t'a profité, car elle est cause qu'un autre[5] est monté en

---

1. Mesures qui ont servi de prétexte à la révolte contre Henri III.
2. Parlementaires.
3. Avantages particuliers et dispenses de certaines charges.
4. Jacques Clément a assassiné Henri III en 1589.
5. Henri IV.

35 sa place, bien plus vigilant, bien plus laborieux, bien plus guerrier, et qui saura bien te serrer de plus près, comme tu as, à ton dam[1], déjà expérimenté.

La Satire Ménippée, *1594,*
« *Harangue de M. d'Aubray* » *(orthographe modernisée).*

Guide de lecture

1. Quel sentiment anime l'orateur ? Quels sentiments veut-il éveiller chez ses auditeurs ? En quoi la personnification de la ville sert-elle son projet ?
2. Qu'est-ce qui caractérise le style de l'orateur ? En quoi les traits sont-ils chargés ?
3. En quoi le portrait qu'il dresse du roi Henri III est-il tendancieux ? Quel effet peut-il en tirer ?

---

1. Dommage, préjudice.

Agrippa d'Aubigné   *(1552-1630)*

Une vie vouée au combat protestant. Né en Saintonge dans une famille protestante, Agrippa d'Aubigné (1552-1630) reçoit une éducation humaniste très poussée qui lui permet de lire le latin, le grec et l'hébreu. Son engagement dans le combat protestant commence avec l'enfance et ne s'achèvera qu'avec la mort. En 1560, alors qu'il n'a que huit ans, il passe devant les corps des protestants suppliciés après l'échec de la conjuration d'Amboise (les protestants avaient tenté d'enlever le jeune roi François II afin de le soustraire à l'influence des Guises). Son père lui fait jurer de les venger.

La guerre et la poésie amoureuse. Dès 1568, d'Aubigné prend les armes et rejoint l'armée huguenote. En 1572, il échappe par hasard à la Saint-Barthélemy, mais il est grièvement blessé dans une embuscade. Il se réfugie au château de Talcy où vit Diane Salviati, la jeune fille dont il est épris (elle est la nièce de la Cassandre de Ronsard, voir p. 161). D'Aubigné, qui souhaite l'épouser, est éconduit. Sa passion malheureuse lui inspire des poèmes sombres, les « Stances » et l'« Hécatombe à Diane », qu'il écrit de 1570 à 1573, et qui forment le recueil du *Printemps*, publié seulement au XIXe siècle.

Le début des Tragiques. En 1573, d'Aubigné rejoint Henri de Navarre, le futur Henri IV, à Paris et mène à ses côtés une vie de plaisirs qu'il condamnera vivement par la suite. Mais il ne tarde pas à reprendre les armes. En 1577, il est à nouveau blessé à Casteljaloux et frôle la mort. C'est à ce moment qu'il compose les premiers livres des *Tragiques*. Rétabli, il retourne au combat. Mais, profondément déçu et indigné par l'abjuration d'Henri IV (1593), il se retire à Maillezais, dont il est gouverneur, et se consacre à l'écriture.

LA MULTIPLICATION DES GRANDES ŒUVRES.   Cette seconde partie de sa vie est extrêmement productive. Avec *la Confession du Sieur de Sacy* (rédigée en 1610 mais restée inédite) et les *Aventures du baron de Faeneste* (1617 pour les premiers livres, puis 1619 et 1630), il laisse libre cours à sa verve satirique, qui s'exerce toujours aux dépens des catholiques. L'*Histoire universelle*, dont les premiers livres paraissent en 1618, pour se terminer en 1626 avec la publication du tome III, retrace quant à elle l'histoire des guerres de Religion. *Les Tragiques* paraissent en 1616, signés des seules initiales L.B.D.D., « le bouc du désert ». Ce soldat-poète ne désarme pas sous le règne de Louis XIII. Proscrit (banni) en 1620, il achève sa vie et son œuvre à Genève en 1630. Bien que publiés au XVIIe siècle, *les Tragiques* constituent l'ouvrage majeur du dernier grand poète du XVIe siècle.

LE PRINTEMPS (1570-1573).   Ce recueil de poésie amoureuse, manifestement influencé par l'œuvre de Ronsard, s'inscrit dans la tradition du pétrarquisme. Mais la violence des images guerrières auxquelles a recours le discours amoureux l'apparente à l'esthétique baroque de la fin du siècle (voir p. 267). Ce poème est extrait de l'« Hécatombe à Diane », recueil de cent sonnets qui se trouve dans *le Printemps*. Le combat pétrarquiste d'Amour et de Fortune (allégorie du sort, capricieux et imprévisible) s'y exprime à travers les images de la guerre civile.

« Je suis le champ sanglant »

Oui, mais ainsi qu'on voit, en la guerre civile,
Les débats des plus grands, du faible
                [et du vainqueur,
De leur douteux combat laisser tout le malheur
Au corps mort du pays, aux cendres d'une ville,

5 Je suis le champ sanglant où la fureur hostile
Vomit le meurtre rouge, et la scythique[1] horreur
Qui saccage le sang, richesse de mon cœur,
Et en se débattant font leur terre stérile.

Amour, fortune, hélas ! apaisez tant de traits[2],
10 Et touchez dans la main d'une amiable paix !
Je suis celui pour qui vous faites tant la guerre !

Assiste, amour, toujours à mon cruel tourment !
Fortune, apaise-toi d'un heureux changement,
Ou vous n'aurez bientôt ni dispute ni terre.

LE PRINTEMPS, *1570-1573*,
« Hécatombe à Diane », sonnet 8 (orthographe modernisée).

---

1. Des Scythes, peuple barbare réputé pour sa cruauté.
2. Flèches.

Guide de lecture
....

1. Étudiez la composi-
tion du sonnet qui
précède. Comment la
comparaison est-elle

développée ?
2. Étudiez les méta-
phores du second
quatrain.

LES TRAGIQUES (1616).   D'Aubigné signe, avec *les Tragiques*, une œuvre profondément originale. Ce long
poème visionnaire tient à la fois de l'épopée et de la
satire (voir p. 271). Voué à la représentation tragique
du combat protestant et à l'annonce prophétique de sa
victoire, il retrace et recompose le destin d'une mino-
rité martyrisée ici-bas mais appelée au triomphe
céleste. Pour interpréter ce destin et en dégager le
sens, le poète a recours à des sources multiples et se
sert constamment de l'allégorie (voir p. 271). Mais les
événements contemporains sont surtout déchiffrés
à la lumière de la Bible, qui constitue la référence
essentielle.

Les sept tableaux qui composent le poème
(« Misères », « Princes », « Chambre dorée », « Feux »,
« Fers », « Vengeances », « Jugement ») dessinent un
parcours moins chronologique que symbolique : obéis-
sant à une perspective eschatologique (qui concerne la
fin du monde), ils conduisent de la description des
horreurs de la guerre civile à la vision du Jugement
dernier qui consacrera l'élection des protestants. Dans
une telle œuvre, le poète, élu de Dieu et inspiré par lui,
devient prophète. Il voyage de la terre au ciel, reçoit ses
visions de Dieu même, rapporte ses paroles, met en

scène ses actes. Son discours est discours de vérité, cette vérité dont le poète entend persuader le lecteur par la recherche constante de l'émotion. La puissance descriptive et évocatrice des tableaux constitue son arme essentielle.

Au début du premier livre, « Misères », le poète, qui s'apprête à décrire la France meurtrie par la guerre, rejette la vaine poésie de sa jeunesse.

« Nos bras de crasse tout rouillés »

Je n'écris plus les feux d'un amour inconnu,
Mais, par l'affliction plus sage devenu,
J'entreprends bien plus haut, car j'apprends
[à ma plume
Un autre feu, auquel la France se consume.
5   Ces ruisselets d'argent, que les Grecs nous
[feignaient[1],
Où leurs poètes vains[2] buvaient et se baignaient,
Ne courent plus ici : mais les ondes si claires
Qui eurent les saphirs et les perles contraires[3]
Sont rouges de nos morts ; le doux bruit de leurs
[flots,
10   Leur murmure plaisant heurte contre des os.

------

1. Représentaient.
2. Occupés à des choses vaines.
3. Parce qu'elles rivalisent de limpidité avec les ondes.

Telle est[1] en écrivant ma non-commune image :
Autre fureur qu'amour reluit en mon visage ;
Sous un inique Mars[2], parmi les durs labeurs
Qui gâtent le papier et l'encre de sueurs.
15   Au lieu de Thessalie[3] aux mignardes[4] vallées
Nous avortons[5] ces chants au milieu des armées.
En délassant nos bras de crasse tout rouillés
Qui n'osent s'éloigner des brassards[6] dépouillés.
Le luth que j'accordais avec mes chansonnettes
20   Est ores[7] étouffé de l'éclat des trompettes ;
Ici le sang n'est feint[8], le meurtre n'y défaut[9],
La mort joue elle-même en ce triste échafaud
Le Juge criminel[10] tourne et emplit son urne.
D'ici, la botte en jambe, et non pas le cothurne[11],
25   J'appelle Melpomène[12] en sa vive fureur,
Au lieu de l'Hippocrène[13] éveillant cette sœur
Des tombeaux rafraîchis, dont il faut qu'elle sorte

---

1. Annonce ce qui suit.

2. Dieu de la Guerre.

3. Région de la Grèce.

4. Jolies.

5. « Avorter » signifie ici « mettre au monde dans de mauvaises conditions ».

6. Parties de l'armure qui couvrent le bras.

7. À présent.

8. Simulé.

9. N'y manque pas.

10. Qui ne cherche qu'à condamner : ainsi il remplit l'urne où l'on dépose les sentences dans un procès.

11. Chaussure que portaient les acteurs lors des représentations de tragédies dans l'Antiquité.

12. Muse de la Tragédie.

13. Plutôt que de l'évoquer de l'Hippocrène, source située sur le mont Hélicon où se réunissent les Muses, il la fera sortir des tombeaux.

Échevelée, affreuse, et bramant en la sorte[1]
Que fait la biche après le faon qu'elle a perdu.
30   Que la bouche lui saigne, et son front éperdu
Fasse noircir du ciel les voûtes éloignées,
Qu'elle éparpille en l'air de son sang deux poignées[2]
Quand épuisant ses flancs de redoublés sanglots
De sa voix enrouée elle bruira ces mots[3] [...]

LES TRAGIQUES, *1616,*
livre I, « Misères », vers 55 à 88 (orthographe modernisée).

1. De la même façon.
2. En signe de malédiction.
3. Suit le discours que lui tient Melpomène.

Guide de lecture

1. Commentez les vers 21 et 22 en vous reportant au sonnet du *Printemps* des pages précédentes.

2. Quelle est à présent la source d'inspiration du poète ? Quelles sont les images qui l'évoquent ?

Le poète s'est engagé dans la peinture des horreurs de la guerre. Il rapporte ici une scène atroce dont il a été le témoin.

« J'ai vu le reître noir »

Ici je veux sortir du général discours
De mon tableau public ; je fléchirai le cours
De mon fil entrepris, vaincu de la mémoire

Qui effraye mes sens d'une tragique histoire[1] :
5　Car mes yeux sont témoins du sujet de mes vers.
　　J'ai vu le reître noir[2] foudroyer au travers
Les masures de France, et comme une tempête,
Emporter ce qu'il put, ravager tout le reste ;
Cet amas affamé nous fit à Montmoreau[3]
10　Voir la nouvelle horreur d'un spectacle nouveau.
Nous vînmes sur leurs pas[4], une troupe lassée
Que la terre portait, de nos pas harassée.
Là de mille maisons on ne trouva que feux,
Que charognes, que morts ou visages affreux.
15　La faim va devant moi, force est que je la suive.
J'ouïs d'un gosier mourant une voix demi-vive :
Le cri me sert de guide, et fait voir à l'instant
D'un homme demi-mort le chef se débattant[5],
Qui sur le seuil d'un huis[6] dissipait[7] sa cervelle.
20　Ce demi-vif la mort à son secours appelle
De sa mourante voix, cet esprit demi-mort
Disait en son patois (langue de Périgord) :
« Si vous êtes Français, Français, je vous adjure,
Donnez secours de mort[8], c'est l'aide la plus sûre
25　Que j'espère de vous, le moyen de guérir ;
Faites-moi d'un bon coup et promptement mourir.

---

1. Histoire véridique et exemplaire qui suscite l'effroi et la pitié.
2. Cavalier allemand, vêtu d'un grand manteau noir.
3. Lieu d'une bataille (1569), situé en Charente.
4. Sur les pas des reîtres.
5. La tête s'agitant.
6. Une porte.
7. Répandait.
8. Donnez-moi la mort.

Les reîtres m'ont tué par faute de viande[1],
Ne pouvant ni fournir ni ouïr leur demande ;
D'un coup de coutelas l'un d'eux m'a emporté
30 Ce bras que vous voyez près du lit à côté ;
J'ai au travers du corps deux balles de pistole. »
Il suivit[2], en coupant d'un grand vent[3] sa parole :
« C'est peu de cas encore et de pitié[4] de nous ;
Ma femme en quelque lieu, grosse, est morte
                                        [de coups.
35 Il y a quatre jours qu'ayant été en fuite
Chassés à la minuit, sans qu'il nous fût licite
De sauver nos enfants liés en leurs berceaux[5],
Leurs cris nous appelaient, et entre ces bourreaux
Pensant les secourir nous perdîmes la vie.
40 Hélas ! si vous avez encore quelque envie
De voir plus de malheur, vous verrez là dedans
Le massacre piteux[6] de nos petits enfants. »
J'entre, et n'en trouve qu'un, qui lié dans sa couche
Avait les yeux flétris, qui de sa pâle bouche
45 Poussait et retirait cet esprit languissant
Qui, à regret son corps par la faim délaissant[7],
Avait lassé sa voix bramant après sa vie
Voici après entrer l'horrible anatomie[8]

_____

1. Nourriture qu'il devait fournir aux soldats.
2. Poursuivit.
3. Soupir.
4. Motif de pitié.
5. Les jeunes enfants étaient, à cette époque, attachés à leur berceau.
6. Pitoyable.
7. Quittant.
8. Squelette.

De la mère asséchée : elle avait de dehors
50   Sur ses reins dissipés[1] traîné, roulé son corps,
Jambes et bras rompus, une amour maternelle
L'émouvant pour autrui beaucoup plus que pour
                                        [elle.
À tant[2] elle approcha sa tête du berceau,
La releva dessus ; il ne sortait plus d'eau
55   De ses yeux consumés ; de ses plaies mortelles
Le sang mouillait l'enfant ; point de lait
                                [aux mamelles,
Mais des peaux sans humeur[3] : ce corps séché,
                                [retrait[4],
De la France qui meurt fut un autre portrait.

LES TRAGIQUES, *1616,*
livre I, « Misères » vers 367 à 424 (orthographe modernisée).

Guide de lecture ....

1. À quels procédés le poète a-t-il recours pour peindre l'horreur de cette scène ? En quoi son statut de témoin contribue-t-il à créer un sentiment d'effroi et de pitié ?

2. Quelle est la portée symbolique de ce passage ? Comment est-elle suggérée ?

---

1. Brisés.
2. Alors.
3. Asséchées.
4. Racorni.

Le livre VI, intitulé « Vengeances », est consacré en grande partie à l'évocation des vengeances divines infligées aux criminels depuis les origines de la création. Elles préfigurent celles qui frapperont les bourreaux catholiques. Dans le passage qui suit, d'Aubigné reprend un épisode essentiel du texte biblique de la Genèse : le meurtre d'Abel par son frère Caïn, premier meurtre de l'humanité.

« Il avait peur de tout, tout avait peur de lui »

Ainsi Abel offrait en pure conscience
Sacrifices à Dieu ; Caïn offrait aussi .
L'un offrait un cœur doux, l'autre un cœur endurci,
L'un fut au gré de Dieu, l'autre non agréable.
5   Caïn grinça les dents[1], pâlit, épouvantable ;
Il massacra son frère, et de cet agneau doux
Il fit un sacrifice à son amer courroux.
Le sang fuit de son front, et honteux se retire,
Sentant son frère sang[2] que l'aveugle main tire[3] ;
10 Mais, quand le coup fut fait, sa première pâleur
Au prix de la seconde était vive couleur :
Ses cheveux vers le ciel hérissés en furie,
Le grincement des dents en sa bouche flétrie,
L'œil sourcillant de peur découvraient son ennui[4].

---

1. Signe de colère.
2. Sang fraternel.
3. Répand.
4. Tourment (sens fort).

15 Il avait peur de tout, tout avait peur de lui :
Car le ciel s'affublait du[1] manteau d'une nue
Sitôt que le transi[2] au ciel tournait la vue ;
S'il fuyait au désert, les rochers et les bois,
Effrayés, aboyaient au son de ses abois.

20 Sa mort ne put avoir de mort pour récompense,
L'enfer n'eut point de morts pour punir
[cette offense,
Mais autant que de jours il sentit de trépas :
Vif, il ne vécut point ; mort, il ne mourut pas.
Il fuit d'effroi, transi, troublé, tremblant et blême.

25 Il fuit par tout le monde, il s'enfuit de soi-même :
Les lieux plus assurés[3] lui étaient des hasards[4],
Les feuilles, les rameaux et les fleurs des poignards,
Les plumes de son lit des aiguilles piquantes,
Ses habits plus aisés des tenailles serrantes,

30 Son eau jus de ciguë[5], et son pain des poisons ;
Ses mains le menaçaient de fines[6] trahisons :
Tout image de mort, et le pis[7] de sa rage,
C'est qu'il cherche la mort et n'en voit que l'image.
De quelqu'autre Caïn il craignait la fureur ;

35 Il fut sans compagnon et non pas sans frayeur :

---

1. Revêtait.
2. Celui qui était envahi par la peur.
3. Sûrs.
4. Dangers.
5. Poison mortel.
6. Perfides.
7. Pire.

Il possédait le monde, et non une assurance[1] ;
Il était seul partout, hormis sa conscience :
Et fut marqué au front afin qu'en s'enfuyant
Aucun n'osa tuer ses maux en le tuant.

LES TRAGIQUES, *1616*,
livre VI, « Vengeances », vers 178 à 216 (orthographe modernisée).

---

1. Sécurité.

Guide de lecture

1. **Étudiez le mouvement du passage. Que marque sa progression ?**
2. **Précisez la valeur des temps successivement employés. Quelles conclusions se dégagent de cette étude ?**
3. **Quels sont les procédés d'amplification qui donnent à ce passage une valeur symbolique ?**
4. **Vous pourrez rapprocher ce passage de « La conscience », l'un des poèmes qui composent** la Légende des siècles, **de Victor Hugo.**

Dans le dernier livre, « Jugement », d'Aubigné représente la fin du monde et le Jugement dernier qui réserve aux coupables les pires châtiments de l'enfer et aux élus la jouissance d'un bonheur éternel. Le passage qui suit décrit la résurrection de la chair qui précède le Jugement.

« C'est fait, Dieu vient régner »

Mais quoi ! c'est trop chanté, il faut tourner les yeux
Éblouis de rayons dans le chemin des cieux.
C'est fait, Dieu vient régner[1], de toute prophétie
Se voit la période à ce point[2] accomplie.
5   La terre ouvre son sein, du ventre des tombeaux
Naissent des enterrés les visages nouveaux :
Du pré, du bois, du champ, presque de toutes
                                [places
Sortent les corps nouveaux et les nouvelles faces.
Ici les fondements des châteaux rehaussés[3]
10 Par les ressuscitants promptement sont percés ;
Ici un arbre sent des bras de sa racine
Grouiller un chef[4] vivant, sortir une poitrine ;
Là l'eau trouble bouillonne, et puis s'éparpillant
Sent en soi des cheveux et un chef s'éveillant.
15 Comme un nageur venant du profond
                        [de son plonge[5],
Tous sortent de la mort comme l'on sort
                           [d'un songe.
Les corps par les tyrans autrefois déchirés
Se sont en un moment en leurs corps asserrés[6],
Bien qu'un bras ait vogué par la mer écumeuse

---

1. Lors du Jugement dernier, le Christ remet à Dieu le Père son royaume de la terre.
2. Maintenant.
3. Élevés.
4. Une tête.
5. De la profondeur de sa plongée.
6. Rassemblés.

20 De l'Afrique brûlée en Tyle[1] froiduleuse.
    Les cendres des brûlés volent de toutes parts ;
    Les brins plutôt[2] unis qu'ils ne furent épars
    Viennent à leur poteau[3], en cette heureuse place,
    Riant au ciel riant d'une agréable audace.

LES TRAGIQUES, *1616*,
livre VII, « Jugement », vers 661 à 684 (orthographe modernisée).

Guide de lecture

1. Par quels procédés le poète parvient-il à suggérer le mouvement de cette résurrection et le sentiment d'allégresse qui l'accompagne ? Quel est en particulier l'effet produit par l'attribution de sentiments et de sensations à la nature ?

2. Commentez les trois derniers vers : que traduit ce retour sur le lieu du supplice ? Commentez l'expression « riant au ciel riant ».

---

1. Thulé, île légendaire située dans l'océan du Nord.
2. Plus vite.
3. Poteau des suppliciés.

Une sensibilité nouvelle

L es œuvres de cette seconde moitié du
XVIᵉ siècle, manifestent, au-delà de leur diversité, une sensibilité nouvelle, préoccupée par
l'idée de la mort et fascinée par les représentations macabres, tourmentées, qu'elle suscite.

La Pléiade : quelle postérité ?

C ette mutation est particulièrement sensible
dans le domaine de la poésie. Le temps de
la Pléiade est révolu. Pourtant, la poésie maniériste et baroque qui lui succède lui doit beaucoup.
Ronsard le sait. Dans sa *Réponse aux injures* de
1563, il ridiculise le poète protestant qui l'a ca-
lomnié et lui rappelle avec superbe :
« Vous êtes tous issus de la grandeur de moi,
Vous êtes mes sujets et je suis votre loi. »
Il est fondé à réagir ainsi. Agrippa d'Aubigné,
poète protestant, lui voue une admiration que
rien ne peut entamer. Sur ce plan, les oppositions
religieuses ne comptent pas. Ronsard achève sa
vie entouré de jeunes poètes qui viennent chercher conseil. Sa mort est saluée par une cérémonie officielle à laquelle assiste une foule
nombreuse. Pourtant, son œuvre ne survit pas au
XVIIᵉ siècle. Elle tombera, avec bien d'autres, sous

les coups de la critique classique : La Bruyère (1645-1696), l'auteur des *Caractères*, lui reproche son manque de naturel ; Boileau (1636-1711), dans son *Art poétique* (1674), prononce un jugement sévère et sans appel. Retraçant l'évolution de la poésie depuis le Moyen Âge, il mentionne Marot, puis :

« Ronsard, qui le suivit, par une autre méthode,
Réglant tout, brouilla tout, fit un art à sa mode,
Et toutefois longtemps eut un heureux destin.
Mais sa muse, en français parlant grec et latin,
Vit dans l'âge suivant, par un retour grotesque,
Tomber de ces grands mots le faste pédantesque.
Ce poète orgueilleux, trébuché de si haut,
Rendit plus retenus Desportes et Bertaut.
Enfin Malherbe vint [...] »

Les normes du goût ont changé. L'époque classique ne retiendra pas davantage les grandes œuvres de la première poésie baroque, celle de Sponde ou celle de d'Aubigné.

Ce sont pourtant elles qui caractérisent la fin du siècle, et, s'opposant au maniérisme, donnent un sens très large à l'affirmation de d'Aubigné selon laquelle « le siècle, autre en ses mœurs, demande un autre style ».

L'esthétique baroque

Ce style : quel est-il ? Tel qu'il apparaît dans *les Tragiques*, il montre son goût pour le monumental et l'exagération aussi bien dans l'organisation d'ensemble (le poème est composé de « tableaux » grandioses) que dans le détail de la représentation imagée du monde. L'attrait pour le singulier, l'étrange, la peinture concrète et exacerbée du macabre s'y manifeste également. Les sentiments s'expriment avec violence ; ils sont eux-mêmes torturés. Même l'amour se dit, dans *le Printemps* (voir p. 253), à travers les images guerrières et sanglantes qui servent également à la description des horreurs de la guerre dans *les Tragiques* (voir p. 254). On trouve partout, y compris chez Sponde, l'emploi d'une rhétorique véhémente qui recourt à l'apostrophe, aux interjections, aux interrogations, à des jeux d'opposition et de contraste. Le lecteur se trouve contraint de ressentir une émotion, de contempler un spectacle qui l'indigne, le révolte, lui impose un sentiment de pitié, de crainte ou de désarroi, rarement d'espoir. L'homme et le monde que dépeint cette poésie se trouvent pris, ensemble, dans des mouvements incessants et contradictoires. Nostalgiques d'un ordre, d'une unité et d'une harmonie qui semblaient régner dans l'Antiquité, ces poèmes tentent de retrouver un sens au-delà de la confusion, mais c'est bien la peinture du désordre et du doute qui caractérise ce « style ».

On en trouve la trace dans la tragédie. *Les Juives*, de Garnier (voir p. 222), s'achèvent sur un massacre sanglant. Peu soucieuse d'une progression dramatique, la tragédie de la fin du siècle cherche avant tout le pathétique (voir p. 271) et l'horrible. Elle est prise, elle aussi, dans la tourmente de l'époque. Proche des sources antiques à la fois grecques et latines qui l'ont fait renaître (l'influence de Sénèque, auteur latin du Ier siècle apr. J.-C., est considérable), elle se codifie d'ailleurs pendant cette période. L'humaniste Jean de La Taille propose, en 1572, un premier « Art de la tragédie » inspiré de la *Poétique* d'Aristote.

Vers un nouvel humanisme

Dans le domaine des idées, l'histoire a apporté un démenti cinglant aux espoirs des premiers humanistes. L'œuvre de Montaigne (voir p. 229) en fait magistralement le constat. Sa peinture du moi a su montrer les incertitudes de la raison humaine dans laquelle on avait placé une si grande confiance. Sa réflexion sur le Nouveau Monde a mis à nu la barbarie et la rouerie de la conquête européenne (voir p. 244). Les sociétés prétendument évoluées ne sont pas nécessairement les plus justes ni les plus vertueuses. Pourtant, sur la base de ces désillusions, les *Essais* ouvrent à la fin du siècle une nouvelle voie et proposent une nouvelle sagesse. La foi dans l'éducation demeure. Mais l'homme doit s'efforcer par-dessus tout à l'exercice de sa liberté : se soustraire à la crainte de la mort n'a pas d'autre but ; prendre conscience de la relativité des coutumes tout en se conformant à celles de son pays, accepter l'inconstance à laquelle nous condamne la nature, poursuivre la recherche de la vérité sans jamais s'arrêter à de fausses certitudes, soumettre le savoir aux feux croisés du jugement critique, voilà comment peut se manifester la liberté. Le scepticisme de Montaigne fonde un nouvel humanisme. Il suscite au XVIIe siècle de nombreux débats, faisant ainsi la preuve de sa richesse et de son importance.

Enfin, c'est pendant cette période que s'élaborent des œuvres nouvelles, résolument tournées vers d'autres horizons littéraires et qui trouveront leur plein accomplissement au siècle suivant : celle de Malherbe (1555-1628) et celle d'Honoré d'Urfé (1567-1625), dont le roman pastoral, *l'Astrée*, marquera profondément la littérature et la société du XVIIe siècle.

Définitions
pour le commentaire de texte

allégorie *(n.f.)* : dans son sens le plus limité, l'allégorie est une image ; elle consiste dans la personnification d'une idée, d'un sentiment, d'une faculté qu'elle fait agir et parler. Exemple : Refus, Dédain et Dépit sont des allégories dans la ballade de Guillaume de Machaut.

anagramme *(n.f.)* : mot composé avec les lettres d'un autre mot, distribuées dans un ordre différent. Exemple : à partir du prénom Marie, Ronsard compose le verbe aimer.

anaphore *(n.f.)* : procédé stylistique qui consiste à reprendre un même mot ou un même groupe de mots au début de phrases ou de vers successifs. Exemple : « Je ne veux point », au début du sonnet I des *Regrets* (du Bellay).

aristotélisme *(n.m.)* : ensemble de la philosophie d'Aristote, auteur grec du IVᵉ siècle avant Jésus-Christ, disciple de Platon.

assonance *(n.f.)* : dans la poésie, répétition d'un même son-voyelle. La plupart des œuvres du XIIᵉ siècle sont composées en vers assonancés : la dernière syllabe accentuée de chacun d'eux comporte la même voyelle.

ballade *(n.f.)* : forme poétique d'origine musicale dont les règles se fixent au XIVᵉ siècle. De manière générale, elle se compose de trois strophes de schéma identique s'achevant sur un vers refrain. Elles sont suivies d'un envoi (ou demi-strophe) qui marque la clôture du poème. Exemple : « l'Épitaphe Villon ».

blason *(n.m.)* : poème descriptif de longueur variable mis à l'honneur par Marot. On y célèbre un objet, un élément de la nature, une partie du corps, considérés dans leur singularité.

burlesque *(adj. et n.m.)* : comique extravagant et déroutant. Exemple : l'extrait du *Quart Livre,* de Rabelais, « Tous à la file sautaient dedans la mer ».

canso *(n.f.)* : forme poétique très souple employée par les troubadours. Le poème, composé d'un nombre indéterminé de strophes (ou « coblas »), s'achève sur une « tornada » ou demi-strophe. Seules les coblas comportent un vers refrain. Exemple : « Lorsque les jours sont longs en mai », de Jaufré Rudel.

chanson *(n.f.)* : poème composé de strophes de longueur identique et destiné à l'accompagnement musical.

chanson de geste : long poème à la fois lyrique, au sens où il est fait pour être chanté, et épique, dans la mesure où il propose le récit des exploits guerriers d'un héros légendaire. Ce genre, qui est le plus ancien de la littérature française, apparaît avec la *Chanson de Roland* et persiste jusqu'au XIVᵉ siècle.

chantefable *(n.f.)* : terme par lequel l'auteur anonyme d'*Aucassin et Nicolette* a lui-même désigné son œuvre. Il rend compte de la forme particulière et unique de ce texte composé d'une alternance de passages en vers, destinés à être chantés et de passages en prose (les « parlers »), faits pour être dits.

chronique *(n.f.)* : genre littéraire ; recueil de faits historiques rapportés dans l'ordre chronologique, comme chez Villehardouin.

comédie *(n.f.)* : genre dramatique introduit en France au XVIᵉ siècle à partir de modèles antiques (comédies latines) et italiens. Écrite d'abord en vers puis surtout en prose, la comédie se démarque des genres médiévaux de la farce ou de la sottie. Elle est composée de cinq actes séparés par des intermèdes musicaux; elle respecte les unités de temps et de lieu; elle met en scène des personnages de condition modeste et s'achève sur un dénouement heureux.

comparaison *(n.f.)* : figure de style qui, en reliant deux termes par un élément comparatif (comme, ainsi que, tel...), souligne leur similitude et créée une image. Exemple : « Comme le champ semé en verdure foisonne... » (*les Antiquités de Rome,* sonnet XXX, du Bellay).

courtoisie *(n.f.)* : modèle idéal de comportement à la fois social, moral et amoureux, proposé au chevalier par la littérature des XIIᵉ et XIIIᵉ siècles. Diffusé dans les cours princières de cette période, un tel idéal connaît, sous la forme particulière de l'amour courtois, une riche postérité qui dépasse largement ce cadre chronologique et qui trouvera notamment une nouvelle forme d'expression au XVIIᵉ siècle avec la préciosité. (Voir aussi p. 78).

dit *(n.m.)* : poème narratif très libre dans sa forme qui connaît un grand succès dans la seconde partie du Moyen Âge. Exemple : *la Complainte de Rutebeuf sur son œil.*

élégie *(n.f.)* : poésie définie par sa thématique mélancolique et sa tonalité plaintive ; le poète y exprime ses regrets et ses souffrances. Exemple : *Élégies,* de Louise Labé.

emblème *(n.m.)* : genre littéraire qui présente la particularité d'associer poésie et image ; l'emblème est en effet composé de trois éléments étroitement unis même si le sens de leur association est énigmatique : une image, un titre (ou devise), un poème généralement bref. Exemple : certains dizains de la *Délie,* de Maurice Scève, sont accompagnés d'une image et d'une devise.

envoi *(n.m.)* : demi-strophe qui achève une ballade ou une chanson, dans laquelle le poète s'adresse au destinataire du poème. Exemple : « Princes, or est ma douleur commenciée... » (Christine de Pisan, « Ballade XI »).

épicurisme *(n.m.)* : doctrine philosophique d'Épicure (philosophe grec, 341-270 av. J.-C.) et de ses disciples, caractérisée par son matérialisme et par une morale fondée sur la recherche de la tranquillité de l'âme (ataraxie) ; cette doctrine a été interprétée de manière contrastée (négative ou positive) au XVIe siècle. Beaucoup y ont vu une philosophie invitant à jouir de l'instant présent et à satisfaire les désirs d'un bonheur immédiat.

épigramme *(n.f.)* : petit poème qui s'achève sur une pointe, c'est-à-dire sur une idée brillante, surprenante, souvent de caractère satirique.

épître *(n.f.)* : lettre en vers. Exemple : « Épître à son ami Lion », de Marot.

épopée *(n.f.)* : long poème narratif qui célèbre les hauts faits d'un héros dont les exploits engagent un destin collectif (par exemple celui de la chrétienté réunie autour de Charlemagne dans la *Chanson de Roland,* ou celui de la nation française dans la *Franciade* de Ronsard). Dans ce genre, la légende et le merveilleux se mêlent à la vérité historique.

fabliaux *(n.m.pl.)* : petits contes en vers, comiques et satiriques, composés essentiellement au XIIIe siècle. L'auteur recourt volontiers à un style bas, voire grossier, pour représenter dans un univers réaliste des personnages de condition modeste qui sont coupables ou victimes d'une duperie. Les quelque cents cinquante textes qui ont été conservés présentent toutefois une grande variété de forme et d'inspiration.

farce *(n.f.) :* genre dramatique, profane et comique qui se développe dans les villes à partir du XIIIe siècle. La farce met en scène des personnages typés qui évoluent dans un univers urbain. Les multiples retournements de situation auxquels ils sont soumis constituent le ressort essentiel du comique. Exemple : la *Farce de maître Pathelin.*

humanisme *(n.m.) :* 1. Mouvement intellectuel qui trouve son origine en Italie au XVe siècle et qui gagne la France au XVIe. Il vise à la restitution de la culture antique (grecque, latine et hébraïque) dans son authenticité. 2. Philosophie dont l'émergence est liée à cette restitution et qui redéfinit la place et le rôle de l'homme dans la Création. Mais cette redéfinition peut prendre des visages multiples et il faudrait plutôt dans ce cas parler d'humanismes au pluriel.

lyrisme *(n.m.) :* voir « poésie lyrique ».

merveilleux *(n.m.) :* le merveilleux désigne, dans une œuvre littéraire, toutes les manifestations d'éléments surnaturels, inexplicables, outrepassant les limites de la puissance et de l'entendement humains. On parlera ainsi de « merveilleux chrétien » pour désigner les interventions divines dans la *Chanson de Roland.*

miracle *(n.m.) :* forme du théâtre religieux médiéval qui se développe au XIVe siècle. On y représente un miracle particulier accompli du haut du ciel par un saint ou par la Vierge.

mystère *(n.m.) :* spectacle religieux médiéval qui représente la vie d'un saint ou un épisode du récit biblique, comme la Passion du Christ. Ce genre connaît un grand succès au XVe siècle.

néoplatonisme *(n.m.) :* ce terme désigne différentes interprétations chrétiennes des œuvres de Platon (428-347 av. J.-C.), grand philosophe grec disciple de Socrate : celle que propose le philosophe italien Marsile Ficin (1433-1499) a exercé une influence considérable sur la pensée de certains auteurs français du XVIe siècle. Les poètes en particulier y puisent une doctrine élaborée de l'inspiration (enthousiasme ou fureur) liée à une conception idéalisée de l'amour.

ode *(n.f.) :* genre poétique antique mis à l'honneur par Ronsard. L'ode est un genre lyrique ouvert à différents types d'inspirations, des plus élevées aux plus familières, et qui ne peut être défini ni par un sujet particulier, ni par des caractéristiques formelles contraignantes. Il impose seulement une disposition en strophes de structure identique et le respect de l'alternance des rimes féminines et masculines. Exemple : « À sa Muse », de Ronsard.

pamphlet *(n.m.)* : genre littéraire qui consiste dans une satire souvent violente de l'actualité et dans lequel l'auteur prend parti de manière polémique dans les débats qui agitent son époque.

parodie *(n.f.)* : imitation comique d'une œuvre, d'un style, d'un genre. Exemple : la parodie du roman de chevalerie dans *Pantagruel,* de Rabelais.

pathétique *(adj.)* : qui cherche à émouvoir, à éveiller un sentiment de pitié ou de compassion.

Pléiade *(n.f.)* : ce terme désigne à partir de 1556 un groupe de jeunes poètes d'abord rassemblés sous le nom de « Brigade » et qui partagent des conceptions identiques et nouvelles sur la poésie. Le terme de Pléiade (qui désigne dans la mythologie les sept filles d'Atlas transformées en constellation) laisse supposer que le groupe est formé de sept auteurs. En fait, leur nombre et leur identité changent avec le temps. On peut néanmoins retenir les noms suivants : du Bellay, Baïf, Jodelle, Belleau, Olivier de Magny, et bien sûr le chef de file, Ronsard.

poésie lyrique : cette expression désigne tout d'abord une poésie chantée (accompagnée à la lyre), puis toute poésie qui privilégie l'expression du moi, c'est-à-dire essentiellement les sentiments du « je » qui fait entendre sa voix dans le poème.

roman *(n.m.)* : ce terme désigne à l'origine la langue vulgaire par opposition au latin, le français médiéval. On rencontre donc d'abord l'expression « mettre en roman » qui signifie traduire ou adapter sous forme de récit en langue française une culture transmise jusque-là en latin. Avec Chrétien de Troyes, le mot « roman » s'impose et prend un sens plus riche dans la mesure où il suppose également un travail d'écriture plus personnel.

rondeau *(n.m.)* : poème lyrique à forme fixe caractérisé par des jeux de refrain et de répétitions. Dans sa forme la plus brève, le rondeau est constitué de sept ou huit vers composés sur deux rimes, les vers 4 et 7 reprenant le premier vers. Ce schéma peut être développé et compliqué. Le rondeau fut très pratiqué à la fin du Moyen Âge et dans la première moitié du XVIe siècle.

satire *(n.f.)* : poème ou texte en prose dans lequel l'auteur critique de manière comique les mœurs et les vices de son époque, de ses contemporains ou de l'homme en général. Exemple : la *Satire Ménippée*.

sonnet *(n.m.)* : poème à forme fixe composé de quatorze vers répartis en deux strophes de quatre vers (quatrains) et une strophe de six vers (sizain) que l'on présente généralement sous la forme de deux tercets (strophes de trois vers). La disposition des rimes est la suivante : abba/abba/ pour les quatrains ; ccd/eed ou ccd/ede pour le sizain. Importé d'Italie, le sonnet connaît au XVIe siècle un immense succès. Exemple : « Sonnets pour Hélène », de Ronsard.

stances *(n.f.pl.)* : terme qui désigne les strophes dans un poème ou dans un fragment de poème d'inspiration grave (religieuse, philosophique, méditative).

stoïcisme *(n.m.)* : doctrine philosophique dont les origines remontent à la Grèce du IVe siècle av. J.-C. La morale stoïcienne invite l'homme à maîtriser ses passions et à accueillir avec le même détachement les souffrances et les joies que lui offre la vie. Par l'exercice de sa raison, il doit s'efforcer d'atteindre à cette sagesse qui lui permettra d'accepter son destin et de vivre en harmonie aussi bien avec le monde qu'avec lui-même. Cette morale exerça une influence considérable sur les humanistes de la seconde moitié du XVIe siècle, notamment sur Montaigne.

tragédie *(n.f.)* : genre dramatique introduit en France par les humanistes et érudits du XVIe siècle par imitation des modèles antiques grecs et latins. Composée de cinq actes séparés par les interventions du chœur, la tragédie de la Renaissance s'intéresse peu à l'action. Elle laisse une large place aux monologues et aux déplorations qui expriment et cherchent à éveiller un sentiment pathétique. Exemple : *les Juives,* de Garnier.

troubadour *(n.m.)* : poète musicien du XIIe siècle qui compose et chante en langue d'oc (sud de la France) les premiers poèmes lyriques de la littérature française.

trouvère *(n.m.)* : poète musicien qui reprend en langue d'oil les thèmes de la poésie lyrique courtoise des troubadours.

Index des auteurs

ADAM DE LA HALLE, p. 72 : *le Jeu de la feuillée.*

D'AUBIGNÉ, p. 251 : *le Printemps, les Tragiques.*

BÉROUL, p. 43 : *Tristan.*

CHARLES D'ORLÉANS, p. 96 : *Ballades.*

CHRÉTIEN DE TROYES, p. 37 : *Yvain ou le Chevalier au lion, Perceval ou le Roman du Graal.*

CHRISTINE DE PISAN, p. 90 : *les Cent Ballades sur divers sujets, la Cité des dames.*

COMMYNES, p. 106 : *Mémoires.*

DESPORTES, p. 215 : *Premières Œuvres.*

DU BELLAY, p. 148 : *Défense et illustration de la langue française, les Regrets, les Antiquités de Rome.*

GARNIER, p. 221 : *les Juives.*

GUILLAUME DE LORRIS, p. 62 : *le Roman de la Rose.*

GUILLAUME DE MACHAUT, p. 87 : *Ballades.*

JAUFRÉ RUDEL, p. 28 : *Chansons.*

JEAN DE MEUN, p. 62 : *le Roman de la Rose.*

JODELLE, p. 165 : *Cléopâtre captive.*

LA BOÉTIE, p. 224 : *le Contr'un ou Discours de la servitude volontaire.*

LOUISE LABÉ, p. 144 : *Œuvres.*

MARGUERITE DE NAVARRE, p. 188 : *l'Heptaméron.*

MAROT, p. 133 : *l'Adolescence clémentine.*

MONTAIGNE, p. 229 : *Essais.*

RABELAIS, p. 170 : *Gargantua, Pantagruel, Quart Livre.*

RONSARD, p. 158 : *Odes, Amours, Continuation des Amours, Discours des misères de ce temps, Recueil des nouvelles poésies, Œuvres, Derniers Vers.*

RUTEBEUF, p. 68 : *la Complainte de Rutebeuf sur son œil.*

SCÈVE, p. 141 : *Délie, objet de plus haute vertu.*

SPONDE, p. 218 : *Essai de quelques poèmes chrétiens.*

VILLEHARDOUIN, p. 55 : *la Conquête de Constantinople.*

VILLON, p. 99 : *Poésies diverses.*

Index des œuvres

L'Adolescence clémentine (Marot), p. 134 à 140.

Amours (Ronsard), p. 162.

Les Antiquités de Rome (du Bellay), p. 156.

Aucassin et Nicolette (), p. 48.

Ballades (Guillaume de Machaut), p. 88.

Ballades (Charles d'Orléans), p. 97.

Les Cent ballades sur divers sujets (Christine de Pisan), p. 91.

La Chanson de Roland, p. 25.

Chansons (Jaufré Rudel), p. 28.

La Cité des dames (Christine de Pisan), p. 93.

Cléopâtre captive (Jodelle), p. 167.

La Complainte de Rutebeuf sur son œil (Rutebeuf), p. 69.

La Conquête de Constantinople (Villehardouin), p. 56.

Continuation des Amours (Ronsard), p. 163.

Le Contr'un (La Boétie), p. 225.

De Brunain la vache au prêtre, p. 52.

Défense et illustration de la langue française (du Bellay), p. 149 et 151.

Délie, objet de plus haute vertu (Scève), p. 142.

Derniers Vers (Ronsard), p. 214.

Discours des misères de ce temps (Ronsard), p. 206.

Discours de la servitude volontaire (La Boétie), p. 225.

L'Épitaphe Villon (Villon), p. 100.

Essai de quelques poèmes chrétiens (Sponde), p. 219.

Essais (Montaigne), p. 232 à 245.

La Farce de maître Pathelin, p. 103.

Gargantua (Rabelais), p. 173 à 181.

L'Heptameron (Marguerite de Navarre), p. 190.

Le Jeu de la feuillée (Adam de la Halle), p. 73.

Les Juives (Garnier), p. 222.

Lancelot (en prose), p. 60.

Mémoires (Commynes), p. 107.

Odes (Ronsard), p. 160.

Œuvres (Louise Labé), p. 145.

Œuvres (Ronsard), p. 211.

Pantagruel (Rabelais), p. 182.

Perceval ou le Roman du Graal (Chrétien de Troyes), p. 40.

Premières Œuvres (Desportes), p. 216.

Poésies diverses (Villon), p. 100.

Le Printemps (d'Aubigné), p. 253.

Quart Livre (Rabelais), p. 185.

Recueil des nouvelles poésies (Ronsard), p. 208.

Les Regrets (du Bellay), p. 153 et 155.

Le Roman de la Rose (Guillaume de Lorris), p. 63.

Le Roman de la Rose (Jean de Meun), p. 66.

Le Roman de Renart, p. 32 et 34.

La Satire Ménippée, p. 248.

Sonnets pour Hélène (Ronsard), p. 212.

Sur la mort de Marie (Ronsard), p. 211.

Les Tragiques (d'Aubigné), p. 255 à 265.

Tristan (Béroul), p. 44.

Yvain ou le Chevalier au lion (Chrétien de Troyes), p. 38.

Index des thèmes

allégorie

Charles d'Orléans : p. 97.

Guillaume de Lorris : p. 63.

Guillaume de Machaut : p. 88.

Jean de Meun : p. 66.

Jaufré Rudel : p. 28.

Jean de Meun : p. 66.

Louise Labé : p. 146.

Montaigne : p. 239.

Ronsard : p. 162, 163, 211.

Scève : p. 142.

amour ; amitié

D'Aubigné : p. 253.

Aucassin et Nicolette : p. 48.

Béroul : p. 44.

Charles d'Orléans : p. 97.

Christine de Pisan : p. 91.

Desportes : p. 216

Guillaume de Lorris : p. 63.

Guillaume de Machaut : p. 88.

amour courtois

Aucassin et Nicolette : p. 48.

Béroul : p. 44.

Charles d'Orléans : p. 97.

Jaufré Rudel : p. 28.

Guillaume de Lorris : p. 63.

Guillaume de Machaut : p. 88.

batailles
D'Aubigné : p. 257.
La Chanson de Roland :
p. 25.
Rabelais : p. 177.
Villehardouin : p. 56.

chevalerie
Chrétien de Troyes : p. 38.
Lancelot en prose : p. 60.

comique
De Brunain la vache au
prêtre : p. 52.
La Farce de maître Pathelin :
p. 103.
Rabelais : p. 174, 185.
Le Roman de Renart : p. 34.

**écriture ;
langue française**
D'Aubigné : p. 255.
Du Bellay : p. 149, 151, 153,
155.
Jean de Meun : p. 66.
Louise Labé : p. 145.
Marot : p. 134.
Montaigne : p. 232, 242.
Rabelais : p. 172.
Ronsard : p. 160, 208.

**éducation ;
connaissances**
Commynes : p. 107.
Montaigne : p. 237.
Rabelais : p. 172, 174, 182.

femmes
Adam de la Halle : p. 73.

Béroul : p. 44.
Christine de Pisan : p. 93.
Louise Labé : p. 145.
Ronsard : p. 163.

foi ; croyances
D'Aubigné : p. 264.
Sponde : p. 219.

guerres de Religion
D'Aubigné : p. 255, 259.
Ronsard : p. 206.
Satire Ménippée : p. 248.

histoire
Commynes : p. 107.
Villehardouin : p. 56.

mélancolie
Charles d'Orléans : p. 97.
Christine de Pisan : p. 91.
Du Bellay : p. 156.
Rutebeuf : p. 69.
Villon : p. 100.

mort
D'Aubigné : p. 261.
Jodelle : p. 167.
Montaigne : p. 234.
Ronsard : p. 211, 212, 214.
Villon : p. 100.

**mythologie ; Antiquité
grecque et romaine**
D'Aubigné : p. 255.
Du Bellay : p. 156.
Desportes : p. 216.

JODELLE : p. 167.
LOUISE LABÉ : p. 142.
RABELAIS : p. 182.
RONSARD : p. 162, 208.

nature
DU BELLAY : p. 156.
RONSARD : p. 208.
SCÈVE : p. 142.

prince, pouvoir
COMMYNES : p. 107.
LA BOÉTIE : p. 226.
MARGUERITE DE NAVARRE :
p. 190.
MAROT : p. 136.

ruse ; ingéniosité
AUCASSIN ET NICOLETTE : p. 48.

DE BRUNAIN LA VACHE AU
PRÊTRE : p. 52.
LA FARCE DE MAÎTRE PATHELIN :
p. 103.
LE ROMAN DE RENART : p. 34.
RABELAIS : p. 185.

satire
DE BRUNAIN LA VACHE AU
PRÊTRE : p. 52.
ROMAN DE RENART : p. 32.
SATIRE MÉNIPPÉE : p. 248.

théâtre
ADAM DE LA HALLE : p. 73.
LA FARCE DE MAÎTRE PATHELIN :
p. 103.
GARNIER : p. 222.
JODELLE : p. 167.

Chronologie historique et littéraire

Événements historiques	Œuvres
843 : partage de l'empire carolingien	
	v. 880 : *Cantilène de sainte Eulalie*
987 : avènement de Hugues Capet	
	v. 1040 : *Vie de saint Alexis*
1095-1099 : première croisade	v. 1100 : *Chanson de Roland*
1147 : deuxième croisade	
	1150 : *Roman de Thèbes ;* poésie lyrique courtoise des troubadours (Guillaume XI, Jaufré Rudel)
	v. 1160 : premiers fabliaux
	v. 1165 : *Lais* (Marie de France)
	v. 1165 : *Érec et Énide* (Chrétien de Troyes)
	v. 1170 : *Roman de Renart*
	v. 1170 : *Tristan* (Thomas)
	1179 : *Lancelot ou le Chevalier à la charrette* (Chrétien de Troyes)
1180-1223 : règne de Philippe Auguste	1180 : *Yvain ou le Chevalier au lion* (Chrétien de Troyes)
	1181 : *Perceval ou le Roman du Graal* (Chrétien de Troyes)

Événements historiques	Œuvres
	v. 1181 : *Tristan* (Béroul)
	fin XIIe **s.** : *Aucassin et Nicolette*
	début XIIIe **s.** : *Lancelot* en prose
1204 : IVe croisade (prise de Constantinople)	
1209-1213 : croisade contre les albigeois	
	v. 1212 : *Conquête de Constantinople* (Villehardouin)
1214 : bataille de Bouvines	
	v. 1216 : *Conquête de Constantinople* (Robert de Clari)
1220 : achèvement de la cathédrale de Chartres	
1223-1226 : règne de Louis VIII	
1226-1270 : règne de Saint Louis	
1228 : révolte des barons	
	v. 1230 : *le Roman de la Rose* (Guillaume de Lorris)
1241-1248 : construction de la Sainte-Chapelle à Paris	
	v. 1260 : *Dits* de Rutebeuf
	v. 1260 : *Miracle de Théophile* (Rutebeuf)
	v. 1270 : *le Roman de la Rose* (Jean de Meun)

Événements historiques	Œuvres
1270-1285 : règne de Philippe le Hardi 1270 : VIIe croisade	1270-1309 : *Histoire de Saint Louis* (Joinville) v. 1277 : *Jeu de la feuillée* (Adam de la Halle)
1285-1314 : règne de Philippe le Bel 1309 : le pape Clément V à Avignon	
1337-1475 : guerre de Cent Ans	v. 1340 : derniers fabliaux
1348-1358 : peste noire	
1360-1380 : règne de Charles V	v. 1361 : *la Fontaine amoureuse* (Guillaume de Machaut) v. 1364 : *Dit véridique* (Guillaume de Machaut) 1368 : *Poésies* (Eustache Deschamps) 1374-1400 : *Chroniques* (Froissart)
1378-1417 : Grand Schisme d'Occident 1380-1422 : règne de Charles VI	
	1394-1410 : *Cent Ballades d'amant et de dame* (Christine de Pisan) 1399-1402 : *Cent Ballades sur divers sujets* (Christine de Pisan) 1405 : *la Cité des dames* (Christine de Pisan)

Événements historiques	Œuvres
1407 : guerre civile entre Armagnacs et Bourguignons	
	1408 : *Livre du corps de Policie* (Christine de Pisan)
	1420 : *Passion d'Arras*
1422-1461 : règne de Charles VII	
1429-1431 : reconquête conduite par Jeanne d'Arc	
1453 : prise de Constantinople par les Turcs	
1461-1483 : règne de Louis XI	v. 1461 : *Testament* (Villon)
	v. 1465 : *Farce de maître Pathelin*
	1466 : *les Cent Nouvelles Nouvelles*
1475 : fin de la guerre de Cent Ans	
1494 : début des campagnes d'Italie	
1498-1515 : règne de Louis XII	1498 : *Mémoires* (Commynes)
	1508 : *Éloge de la folie* (Érasme)
1515-1547 : règne de François Ier	
1515 : victoire de Marignan	
1525 : défaite de Pavie	
	1526 : *Épître à son ami Lion* (Marot)
1529 : paix de Cambrai	
1529 : fondation du Collège royal, futur Collège de France.	

Événements historiques	Œuvres
	1532 : *Pantagruel* (Rabelais)
1534 : affaire des Placards	1534-35 : *Gargantua* (Rabelais)
1539 : ordonnance de Villers-Cotterêts (le français devient langue officielle)	
	1541 : *Institution de la religion chrétienne,* en français (Calvin)
	1544 : *Délie* (Scève)
	1546 : *Tiers Livre* (Rabelais)
1547-1559 : règne d'Henri II	
	1549 : *Défense et illustration de la langue française* (du Bellay)
	1550 : *l'Olive* (du Bellay) ; *Odes* (Ronsard)
	1552 : *Amours* (Ronsard) ; *Quart Livre* (Rabelais)
	1553 : *Cléopâtre captive* (Jodelle)
	1555 : *Œuvres* (Louise Labé) ; *Continuation des Amours* (Ronsard)
	1555-56 : *Hymnes* (Ronsard)
	1558 : *les Regrets, les Antiquités de Rome* (du Bellay) ; *Heptameron* (Marguerite de Navarre) ; *Nouvelles Récréations et joyeux devis* (Des Périers)

Événements historiques	Œuvres
1559-1560 : règne de François II	
1559 : traité du Cateau-Cambrésis	
1560-1574 : règne de Charles IX	1560 : *Nouvelle continuation des Amours* (Ronsard)
1560 : conjuration d'Amboise	
1562 : massacre de Wassy	1562 : *Discours sur les misères de ce temps* (Ronsard)
1563 : assassinat du duc de Guise	1563 : *Réponse aux injures* (Ronsard)
	1564 : *Cinquième Livre* (Rabelais ?)
1567 : 2e guerre de Religion	
1568 : 3e guerre de Religion	1570 : *le Printemps* (d'Aubigné)
1572 : massacre de la Saint-Barthélemy ; 4e guerre de Religion	1572 : *la Franciade* (Ronsard)
	1573 : *les Amours de Diane* (Desportes)
1574-1589 : règne d'Henri III ; 5e guerre de Religion	1574 : *Discours de la servitude volontaire* (La Boétie)
1576 : formation de la première Ligue	
1577 : 6e guerre de Religion	
	1578 : *Sonnets pour Hélène* (Ronsard)
1579 : 7e guerre de Religion	
	1580 : *Essais* (Montaigne)
	1583 : *les Juives* (Garnier) ; *Derniers Amours* (Desportes)

Événements historiques	Œuvres
1584 : mort du duc d'Anjou ; Henri de Navarre devient héritier du trône	**1584** : *les Contents* (Turnèbe)
1585 : seconde Ligue catholique ; 8e guerre de Religion	
	1588 : *Essais,* 2e édition (Montaigne) ; *Essai de quelques poèmes chrétiens* (Sponde)
1589 : assassinat d'Henri III ; Henri de Navarre devient Henri IV	
1589-1610 : règne d'Henri IV	
1590 : siège de Paris	
1591 : Henri IV excommunié	
1593 : états généraux de la Ligue ; abjuration d'Henri IV ; entrée du roi à Paris	
1594 : sacre d'Henri IV	**1594** : *Satire Ménippée*
	1595 : *Essais,* 3e édition (Montaigne)
1598 : édit de Nantes	
	1616 : publication des *Tragiques* (d'Aubigné)

Composition : Optigraphic.
Imprimerie Hérissey. – 27000 Évreux. – N° 64882.
Dépôt légal : Mai 1994. – N° de série Éditeur 18013.
Imprimé en France *(Printed in France).*
871591 - mai 1994.